医药产品预测：如何应对行业未来

原著第二版

Forecasting for the Pharmaceutical Industry:

Models for New Product and In-market Forecasting and How to Use Them

（英）亚瑟 G. 库克（Arthur G. Cook） 著

李九翔 傅书勇 胡爱鹏 译

化学工业出版社

·北京·

图书在版编目（CIP）数据

医药产品预测：如何应对行业未来/（英）亚瑟·G.库克（Arthur G. Cook）著；李九翔，傅书勇，胡爱鹏译. —北京：化学工业出版社，2019.2

书名原文：Forecasting for the Pharmaceutical Industry

ISBN 978-7-122-33504-3

Ⅰ. ①医… Ⅱ. ①亚… ②李… ③傅… ④胡… Ⅲ. ①医药产品-市场预测-研究 Ⅳ. ①F763

中国版本图书馆 CIP 数据核字（2018）第 288426 号

北京市版权局著作权合同登记号：01-2015-3948

责任编辑：刘亚军　　　　装帧设计：张　辉

责任校对：宋　夏

出版发行：化学工业出版社（北京市东城区青年湖南街13号　邮政编码100011）

印　　装：北京新华印刷有限公司

710mm×1000mm　1/16　印张10¾　字数169千字　2019年3月北京第1版第1次印刷

购书咨询：010-64518888　　售后服务：010-64518899

网　　址：http://www.cip.com.cn

凡购买本书，如有缺损质量问题，本社销售中心负责调换。

定　　价：68.00元

序1

非常欣赏译者利用业余时间为大家翻译的这本医药产品预测经典著作，也让我有机会先大家一步学习。该著作是我见过的最全面、最系统的有关医药行业和产品分析预测的书。

眼下，国家医药改革如火如荼进行中，医药企业当加速新产品研发和本地化生产，加快市场准入，高质量的成熟产品迅速下沉基层县域社区，以价换量，贴近百姓，我们将会看到更多的购并整合、跨领域合作、精确医疗和诊疗一体化等动作，这些决策都离不开分析预测。

我从业医药营销20年，记得刚刚进入市场部的时候，我的第一任老板就语重心长地告诉我市场营销是一门艺术，同时也是一门科学，当时我还没有理解，以为就几张电子表格的事。随着市场分工不断专业化，对产品投资决策的要求不断提高，预测工具和模型的不断引入，终于让我渐渐领略到医药市场营销的科学量化的一面。

当然，不论如何精细准备，不论使用何种复杂模型，很多新产品上市后销量的预测依然不准，为什么还要继续做那么繁琐复杂的工作呢？许多人认为这是走过场，关于这个问题，我曾经有一个特别深刻的教训。那时，我在国外总部负责全球肝炎相关的业务，一家小公司接触我们销售一种丙肝抗丙型肝炎病毒的小分子药物，当时要价很高，我们经过预测，觉得不值这个钱，该药后来被另外一家公司花了上百亿美金买去，目前正在成为美国历史上销量最大、利润最高的处方药。由于预测偏差导致企业错失良机，尽管我不是主要的决策者，但是至今依然深感自责。最后总结，问题并不是出在分析预测模型上，而是对未来治疗领域的趋势判断失误，以及在做判断前主观上已经先入为主，认为公司在肿瘤方面更愿意花钱，在肝炎上胃口不大。影响医药产品预测准确性的因素很多，这需要综合能力和跨部门合作，包括医学、财务、政策、宏观、病人、分析、调研等多方面能力，任何能力或环节出问题，或者科学的方法被外部人为因素干扰，都可能导致结果变得不可靠，从而令公司陷入巨大的风险中。

谁应该来学习这部书呢？我觉得所有希望在医药行业市场营销领域长足发展的人士，越早学习这方面知识越好，它会让你了解医药营销科学量化的一面，为你的营销艺术和领导力插上科学的翅膀！

王　磊

阿斯利康中国总裁

序2

因为工作的关系，认识九翔，他是一位既了解中国医药行业宏观发展趋势，又有医药企业项目评估、引进实战经验的学者。

无论身处医药企业还是转战投资领域，九翔从未停止过学习，同时他一直努力将有价值、多层面的行业知识传递出去，所以我们得以看到他跨越不同领域的译作——《跟并购专家学业务拓展》和《医药产品品牌战略》，今年又有与他人合著的《药物经济学应用与案例》面市。

医药行业关乎国计民生，其变革与发展一直备受业内外关注。中国医药行业的发展经历了建国初期的保障供应、改革开放后的迅速扩张和监管加强等阶段，迎来了目前的创新发展阶段。在这一发展历程中，我们看到国内医药企业经过洗礼，或淘汰转型，或成长壮大。在当下历史发展机遇期，如何从战略上更理性地根据企业自身情况选择发展方向、如何在产品发展层面选择优势品种和项目、如何缩小与国际一流医药企业的差距……这些都是国内医药企业共同关注的问题。

回答这些问题并不简单，但根据历史经验提供的深刻见解预测未来，会给中国医药企业发展带来多维度的启示。九翔的最新译著《医药产品预测：如何应对行业未来》出版非常及时，可以为行业发展提供科学的预测方法和参考样本。本书着重介绍了医药行业预测的历史与现状、预测的过程以及对新产品和已上市产品的不同预测方法，本书的翻译不但内容高度还原，还结合了译者的实践经验，相信这本书可以让读者从不同的视角去思考医药企业的未来。

在此，我也衷心期待九翔在未来的岁月里能有更多更好的作品问世。

郭　利

科睿唯安 大中华区总经理

序3

记得我刚进医药企业市场部的时候，老板告诉我作为一名合格的医药营销经理人，要记住三点：第一，敢想（Dare to think）；第二，各种情况都可能发生（Anything is possible）；第三，没有简单的事（Nothing is easy）。一口气读罢此书，合卷静思，预测这项工作正符合这三点，尤其是第三点。

预测的重要性是毋庸置疑的，而把预测做准确的难度也是不言而喻的。当初作为一个医药产品经理，我在工作中遇到的挑战之一就是对所负责的产品进行1～3年的销售预测，有时预测和实际结果相差很大，因为影响产品销售的因素错综复杂，比如要考虑患者流、患者依从性、医生的处方习惯、竞争产品的行为、各地医保及招标政策等诸多因素。当时我就在想，有没有一个比较客观合理的工具对医药产品销售进行科学预测。

《医药产品预测：如何应对行业未来》这本书无疑解决了这个难题。书中建立了一个逻辑框架，可以定量评估产品未来的销量，并列举了一些可量化的工具，对新产品和现有产品的销售预测提供了科学依据。

作为一名医药从业人员，我很高兴看到此书的中文版出版。书中的理论和模型，将帮助制药企业量化产品优势，从而更有效规划品牌，在竞争中脱颖而出。期待有更多的医药从业人员能从书中获益。

洪远东

国内最大的医药行业精英O2O组织——思齐俱乐部创始人

前　言

什么是预测？和企业内部许多不同角色的职能一样，潜在的答案有许多，包括：

- 预测是对未来的准确描绘。
- 预测代表了对未来的最佳预判。
- 预测为解读当前各种事件提供了分析框架。
- 预测能够识别企业必须应对的各种因素。
- 预测在企业面对诸多选择时为企业提供将选择进行分类的规则。
- 预测可以检验当前的策略假设。
- 预测为走向未来提供指引。
- 预测为决策提供帮助。
- 预测可以为行动指引方向。
- 预测是对不确定性的一种测量。
- 预测是艺术和科学的结合。
- 预测不是数学应用，而是管理艺术的体现。

你同意哪种观点呢？答案恐怕是仁者见仁智者见智。如果你是要在产品线研发方面进行资源取舍，那么可能会将预测看作战略上组合规划的基石。如果你正在制订战术上的营销计划，那么可能会将预测看作是评估具体战术的财务业绩的一个工具。如果你负责产品生产，那么你可能希望预测能为生产多少产品提供准确的指导。“什么是预测？”这个简单的问题恰恰阐明了预测面临的关键挑战：预测是为企业多种决策提供信息支持的需要。

本书分为7章，涉及预测的不同方面。第1章，我们将回顾预测的历史和可应用于医药行业预测实践的经验教训；第2章，我们将分析预测者可使用的工具、方法和分析原理；第3章和第4章，我们将讨论可用于新产品和已经上市产品预测的具体方法和算法；第5章，涉及制药行业面临的新挑战，例如，生物类似药和孤儿药；第6章，我们将讨论对于预测本身的预测，也就是思考预测的未来；第7章，我们将呈现一个医药行业预测的实际案例。

致　谢

协同合作方能看得更远，产生更优的结果，这是预测的核心原则之一，写作也是同样的道理，我十分感激35年来帮助完成本书的众多同事。

多年来，从大学生涯到辛泰制药公司（Syntex Pharmaceuticals），再到致盛咨询公司（ZS Associates），我的同事们给予了我许多帮助，无论是在知识方面还是事实求证方面都是如此，正因为这些支持，才有了本书所讨论的许多研究方法。把握好平衡是很多企业取得成功的关键所在，而我则有幸结识了多位善于把握动态变化平衡的能手。在辛泰制药公司的从业经验将我从实际业务引领到了学术实践领域；而在致盛公司的咨询经验则将我在学术上的付出转化为实践应用。在致盛咨询公司，我和我的同事们在一起从事了三十多年的医药行业预测的咨询工作，我希望能通过本书向大家分享这段经历给我带来的一些很有价值的经验。

在此，我要感谢致盛咨询公司的同事JK、EJ、PD、NG、MV，尤其感谢好友BN、RB、MR，他们多年来一直为我提供智力支持和实践求证的机会。本书的出版离不开他们的支持与鼓励、友谊与真诚。

目 录

图目录

表目录

缩略词表

ADHD	注意缺陷多动障碍
AIDS	获得性免疫缺陷综合征
BD&L	商务拓展与许可
BID	一日两次
CNS	中枢神经系统
COGS	销货成本
DTC	直接面向消费者
DOTs	治疗天数
EMA	欧洲药品管理局
EU	欧盟
GERD	胃食管反流疾病
HIV	人类免疫缺陷病毒（艾滋病毒）
IRR	内部收益率
KOL	关键意见领袖
MOH	月度库存率
NPV	净现值
NRx	新处方
P2P	点对点
PTRS	技术和法规成功概率
QD	一日一次
QID	一日四次
R&D	研发
Rx	处方
SKU	最小库存单位
TID	一日三次
TRx	处方总量
US	美国
WHO	世界卫生组织

1 预测的历史与现状

事情往往就是这样，当下总是好过以往任何时候。

德怀特 D. 艾森豪威尔

未来与现在相似，它无非是现在的延长。

斯·高塞吉

预测的不准确性

预测未来是很困难的。在历史上，我们不断尝试去预测未来，却总是看到预测因为不准确而失败。图1.1显示了当我们预测未来时的面临四个主要的挑战。

预测未来是相当困难的，预测的准确性因关键假设的不确定性受到挑战。本书将着重介绍一些可以将不确定性变为积极因素的方法，即提醒决策者预测中存在的不确定，使之对不确定性加以注意。预测常常包含偏倚，有时是因数据收集方法导致的，有时可归因于对关键意见领袖的相信程度，有时仅仅是因为一个响亮的、有立场的声音。偏倚是不可避免的，但是隐藏偏倚就是预测者的罪过了，这会导致决策者选择非最优决策。

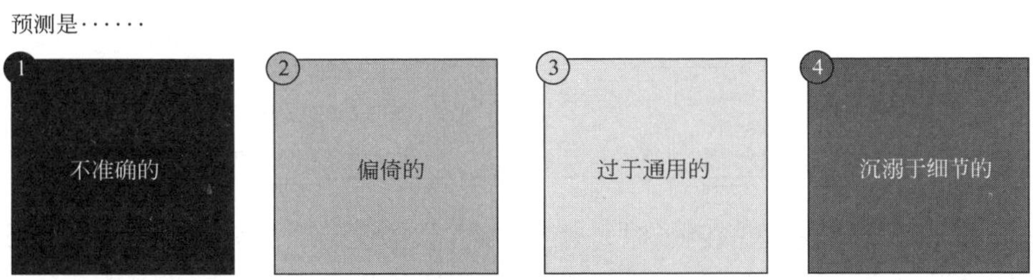

图1.1 预测的挑战

在“过于宽泛”和“过于细致”之间的平衡是很难定义和把握的。举一个“过于宽泛”的例子，在电子表格中，用患者乘以份额，再乘以每次治疗的价格，这样就生成了收入，这是一种有效的预测算法，但是一旦追问细节问题，例如，患者的细分如何？细分市场的份额是如何构成的？依从性的比例是多少？这个预测就变得不实用。另一个极端是“过于细致”，这种预测倾向于采用复杂的算法，多页电子表格中含有多个公式。这也是一种有效的预测算法，但是预测本身的透明性和可转化性就会相当低。

在本书中，我们将解决这四个与预测有关的主要的挑战。首先，我们会将预测的不确定性转化为一种能使决策依据更充分的视角，我们将直面偏倚，识别医药行业预测中最可能的偏倚的常见来源，并提出控制偏倚因素的方法。最后的挑战，在过于宽泛和过于细致之间的平衡，这与公司的组织内部所接受的文化有关。但是，本书将核查每种极端情况的独特性，提出平衡预测的方法。表1.1呈现了一些“意见领袖”在各自领域的预测。

表1.1 即使是专家有时也会犯错

引述	来源
电话的缺点太多，因此很难真正地将其视为通信工具。这种设备本质上对我们毫无价值可言。	1876 年，西部联盟电报公司内部备忘录
比空气还重的飞行机器是不可能的。	凯文勋爵，英国皇家学会会长，1895 年
人们将厌倦电影中发出声音的人。说话永远无法替代无声电影中的优秀表演。	1925 年，托马斯·阿尔瓦·爱迪生对新兴有声电影如此评论
所有女人都害怕老鼠。	1926 年，米高梅总裁刘易斯 B. 迈耶对年轻漫画家沃特·迪士尼如是说
我认为在全球只能卖出五台电脑。	1943 年，美国国际商用机器公司（IBM）总裁托马斯·沃森
吉他组合即将过时。	迪卡唱片公司拒绝了甲壳虫乐队，1962 年
乐队还不错，但假如我是你，就会把嘴唇长得像轮胎面的那名歌手踢出乐队。	1963 年滚石乐队试音时，英国广播公司（BBC）节目制片人对其如此评价
概念很有意思，形式也不错，但想要拿到比及格更好的成绩，这个创意必须切实可行。	1966 年，耶鲁大学某工商管理学教授对联邦快递营销计划如此评价
日本汽车工业不太可能从美国市场中抢占一大块份额	商业周刊，1968 年
网络永远不会替代报纸	新闻周刊，1995 年
不会有人从网上购物。	新闻周刊，1995 年
垃圾邮件将会在两年内消失。	比尔盖茨，微软创始人，2004 年

如今我们回顾这些例子时，就会觉得非常好笑，专家怎么也会错得如此离谱？不过，我们也是“马后炮”，这些评论刚出现时，它们必定反映了这些个人或企业当时的想法。在后面章节里，当我们回顾专家判断在预测

中的作用时，需要牢记这个教训，即使专家也会犯错。

一个更不易察觉但同样重要的教训值得我们深思，即当这些人发表这些言论时，他们所在行业的那些预测者所承受的压力。如果我是一名互联网设备领域的预测者，而此时3Com公司董事长公开声明，认为互联网将在一年内消失，那我在预测未来时，就可能会受到此番言论的影响。我们将在后续的每个章节中，对预测的偏倚问题展开讨论。

那么，企业能否比个人预测得更准确呢？表1.2中的结果显示，企业预测也有预测失败的时候。表1.2列出了一些大公司开发的新产品，并根据这些产品在全球市场的销售业绩，将它们分类为“畅销产品”和“失败产品”。这些企业都有过成功的新产品，但同时也推出过一些不太成功的新产品。我们有理由认为，对于新产品的上市，预测结果是支持新产品的发布的，那到底哪里出了问题呢？我们在第3章里讨论新产品预测时，将探讨这个问题的答案。

表1.2 新产品上市成败案例

公司名	畅销产品	失败产品
麦当劳	巨无霸和炸薯条	海藻汉堡
索尼	随身听	Beta 格式摄像机
柯达	35 毫米胶卷相机	一步成像相机
联邦快递	隔夜送达邮件	专递邮件
可口可乐	经典可乐	新可乐

医药行业中的预测

医药行业的预测真实情况又如何呢？1985年，《制药经理人》杂志（Pharmaceutical Executive）发表了一篇研究成功的新产品与企业股价关系的文章。作者在文中指出：

> 对新药销售额的预测（尤其是明星药物）几乎总是过高。投资者已经失败了这么多次，真的很难理解他们为什么还在继续这场游戏。[1]

[1] J.P.里卡尔多和B.瑞恩，将风险最小化，制药经理人，1985年11月刊，74-76。

为论证这个说法，我们来看一下表1.3中的数据。

表1.3 明星药品的失败预测案例

公司名	药品名	最高销售额（百万美元）	
		预测值	实际值
默克	噻吗洛尔	500～1000	15
罗宾斯	芬氟拉明	300	3
斯特林	氨力农（口服液）	500	0
史克必成	头孢尼西	100	20

同时，还有一些实际销售额超过最初预测值的产品（参见表1.4）。这些例子证明，有些明星药品在最初预测时，并未被认为会畅销。

表1.4 超出预期的药品预测案例

公司名	药品名	最高销售额（百万美元）	
		预测值	实际值
普强	布洛芬	25	200
先灵葆雅	庆大霉素	6～8	300
辛泰	萘普生	40～50	420
史克必成	西咪替丁	200	1000
普强	赞安诺	30～40	200
马里恩	地尔硫䓬	50	180
西尔	阿斯巴甜	0	585

1985年，《制药经理人》杂志刊登的一篇文章曾引用过表1.3和表1.4的数据。如果根据它们在1985年后的销售状况进行更新，预测表现和实际表现之间的差距将会更明显。

我们有没有比1985年更新的例子呢？遗憾的是：没有。医药行业对发布企业新产品前景的预测已经变得愈加谨慎。而且，金融市场以及日益活跃的法律机构对预测的快速反应也使制药企业不愿发布内部预测数据。此外，预测的准确性很大程度取决于比较“实际”和“预测”中使用的数据所选取的时间点。例如，就某产品的实际表现而言，一个月前预测的结果通常比两年前预测的更为准确。如果比较的时间段未知，那么预测的准确性无从判断。

我们虽然没有具体的公开数据来判断医药行业预测的准确性，但有一些信息可供参考。2004年，《医药广告新闻》（Med Ad News）1月刊中的一篇文章列了一张“未来明星药品表”（如表1.5所示）[1]。随着时间的推移，

[1] 汉弗莱斯，A.（2004），未来明星药品表，医药广告新闻，1月刊，1-12。

将这些药品的实际数据与预测数据相比，我们会大致了解到，从1985年至今，在医药产品预测领域出现过哪些进步（如果有进步的话）。当然，最可靠的数据仍来自每家公司内部，如果本书的读者有医药行业内部人士，通过回顾这些内部数据，将可以判断所在公司在销售预测方面所取得的成就。

表1.5 2004年预测的“未来明星药品”？

产品	生产商	用途	预测最高销售额（百万美元）	
			2004 年	2013 年实际
Avastin	基因泰克	癌症	3000	2617
Exanta	阿斯利康	血栓症	1300	0
Alvesco	安达	哮喘	1200	122
Arcoxia	默克	骨关节炎	2500	484
Caduet	辉瑞	高血压、高胆固醇	1090	59
Cymbalta	礼来	抑郁症	2200	5083
Zocor/Zetia	默克、先灵葆雅	胆固醇	3000	2658
Genasense	健达	恶性黑色素瘤	900	0
Lyrica	辉瑞	神经性疼痛	2000	1260
Spiriva	勃林格殷格翰、辉瑞	肺部疾病	1340	2944

2013年发表了一篇有趣的文章，文章回顾了在2002～2011年间上市产品预测的准确性，文章比对了共识预测（相对于工厂内部生产预测），结果见图1.2和图1.3。作者引用了两个重要的结论，一是多数共识预测是错误的，而且常常错得很离谱，二是准确性即便在上市后的多年依然是有问题的。图1.2说明多数共识分析预测误差大于4%，图1.3的数据表明在上市六年后预测误差依然高达45%。

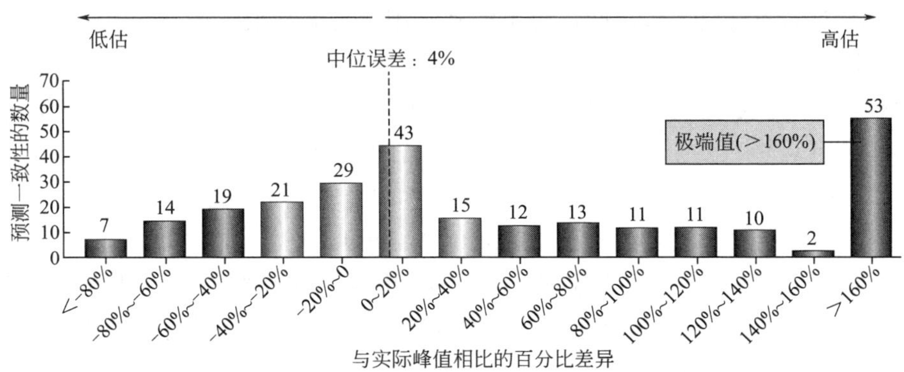

图1.2 上市前预测的准确性

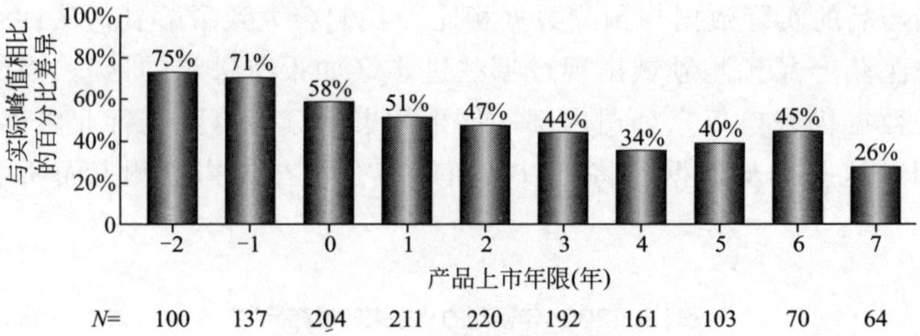

图1.3 上市后预测的准确性

显然，历史无法提供既全面又简单可行的用于未来预测的解决方案。但是，历史经验可以为我们提供一些深刻的见解，这些见解会在本书随后即将讨论的一些最佳实践案例中体现。在讨论这些解决方案之前，让我们先来审视预测在制药企业中的应用现状，这种现状也会引出我们即将讨论的诸多最佳实践案例。

现状：预测对各职能部门的影响

在一个组织内，预测不但给其他职能部门提供信息，同时会影响许多其他职能部门（参见图1.4）。预测与职能部门之间的联动关系可为单向（此种情况下，职能部门利用预测做出决策）或双向（此种情况下，预测用来量化职能部门预想的市场变化的影响）。这些反映了预测的不同用途，如收入规划、生产规划、资源分配、项目优先权、合作决策、薪酬机制、游说工作等。这些不同的用途，加上预测对企业内不同职能部门的影响，说明了预测面临的首要挑战，即满足不同利益相关者的需求。

销售收入预测和包装量预测之间的关系是显而易见的。但两者所需的预测形式可能存在差异。包装量预测涵盖的信息比收入预测更为详细，包括样品包装量、安全库存及不同包装产品的分销信息。这些都应是双向的关系，即预测者必须了解预测结果使用者的各类需求，以便能选择最佳方法得出预测结果（更多内容详见第3章和第4章）。

医疗和定价政策的关系通常以假设形式出现。诸如“假设（具体的）医疗政策颁布的话，会对产品需求量产生何种影响？”和“假设我们最初推出的治疗日均成本高出原计划的10%，会对需求量产生何种影响？”这样的问题都属这一范畴。从本质上说，市场环境（医疗政策）和价格的变化都需由预测者

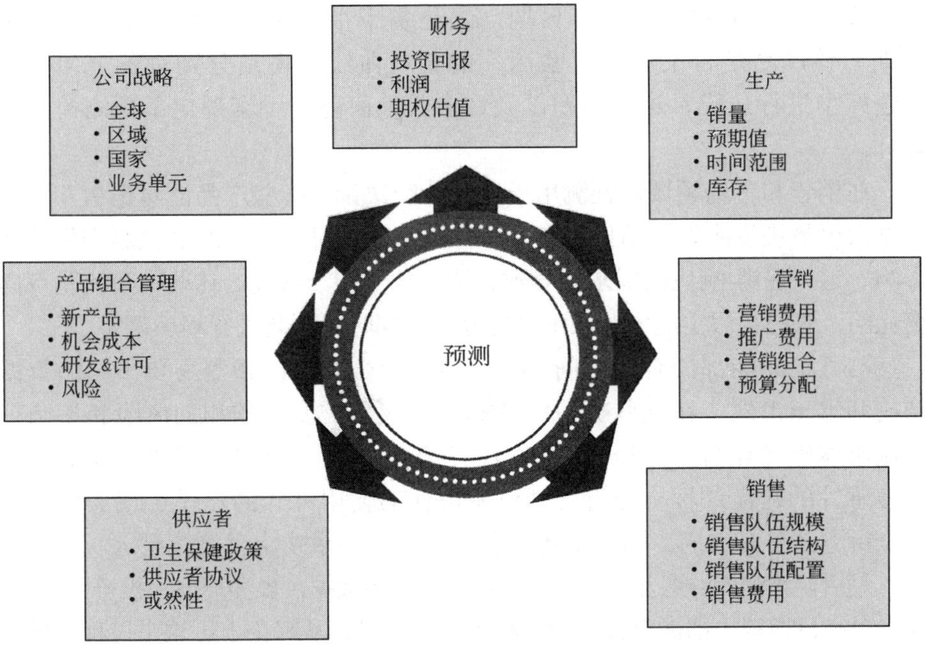

图1.4 预测与其他职能部门的关系

进行量化。这个例子也是双向的，即相应的职能部门向预测者提供输入场景和假设，预测者再将结果量化，并反过来向其他职能部门提供方向指引。

在多数企业里，商务拓展的作用（识别和评估许可、合作营销、联合促销等机会）取决于企业量化这些机会的能力，这是预测的一个功能。正如前面的例子所示，各职能部门之间的信息流通必须是双向的。如前所述，对商务拓展预测的形式因职能不同而不同。在做商务拓展预测时，更应关注每个合作伙伴对整体产品成功的贡献是什么，以及通过联合促销所带来的增量收入。

通过以上三个例子，可显而易见的是不同的最终用户对预测会有不同的要求，例如基于包装层面对销量的预测、构建用于评估不同政策方案的假设情境、用来明确评估两个公司对产品潜在收入贡献的预测，由于这些不同的要求，增加了预测本身的复杂性。让我们接着讨论其他职能部门的要求，这会让预测变得更加复杂。

预测的复杂性

在全球或某一区域、国家、业务单元层面均可以进行预测。每个层面的预测所需的数据要求也不同，无论是输入数据还是输出数据都是如此。这些预测需要不同的结构构成，比如在欧洲对某种产品做区域性预测，我应该设定一个全欧洲的上市日期，还是各个主要国家分别设定一个上市日期？该产品是否采用“泛欧洲”的普适曲线，还是分别对各个国家的渗透模型进行建模？这些问题以及许多其他问题的答案决定了预测模型的设计。

在销售和市场领域，预测用于资源分配决策。哪些产品能对销售和市场工作做出最快反应？当销售和市场资源发生变化时，会对产品预测产生什么影响？这些促销-响应的需求会导致预测结构不同于其他。这些信息流是双向变化的，对最初假定的资源水平进行分析，同时对预测进行相应调整。

与其他职能部门有所不同，用于研发组合规划的预测需要不同的数据结构和输出形式。在这些类型的预测中，我们需要为预测的风险和不确定性做出调整（详情参见第2章内容）。分析产品潜力对研发资源分配的变化的敏感性的建模过程与分析营销资源最佳的使用方式的建模过程类似，只是分析方法略有不同。如前所述，职能部门的需求决定预测模型。

最后，预测为财务部门提供信息：各项财务数据，如净现值、投资回报率、收支平衡日期等，都需要按照预测收入计算。尽管从理论上讲这个过程是单向性的，但一个企业的财务要求（如每股收入）有时也会影响到预测，进而导致收入预测发生变化。长久以来用于评估股权市场的期权估值方法也开始在医药产品预测领域得到应用，这些方法也对预测的结构提出了一些要求。

还有一种方法可用来展现预测在组织中的作用，即绘制决策影响图。图1.5呈现了预测在组织中与多个部门的关系。我们可以看到，预测的输入项包括各式各样的规划活动，如临床试验指导、商务拓展活动、长期及短期品牌计划、详尽的生产计划等。

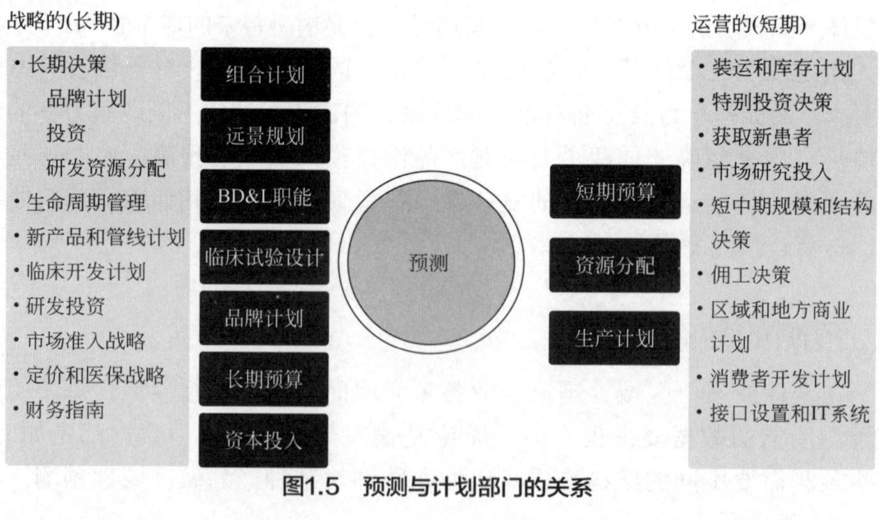

图1.5 预测与计划部门的关系

因此，预测与众多职能部门之间的相互作用会对模型构建、分析方法、信息输入和输出造成巨大影响。换句话说，每个职能部门都能基于那些与组织内部的其他职能部门几乎或完全不一致的假设构建各自的模型。预测的关键挑战是，如何在不牺牲预测方法完整性的前提下，创建一个能满足各职能部门需求的预测。

预测的时间范围

预测的第二个关键挑战来自于和预测有关的不同时间范围。预测包括远期预测（例如，对将在三年后上市的产品做一个十年的预测）和短期预测（为销售部门设定薪酬激励目标而进行的季度预测）。还有各种不同的时间点介于这两个例子之间，如图1.6所示。

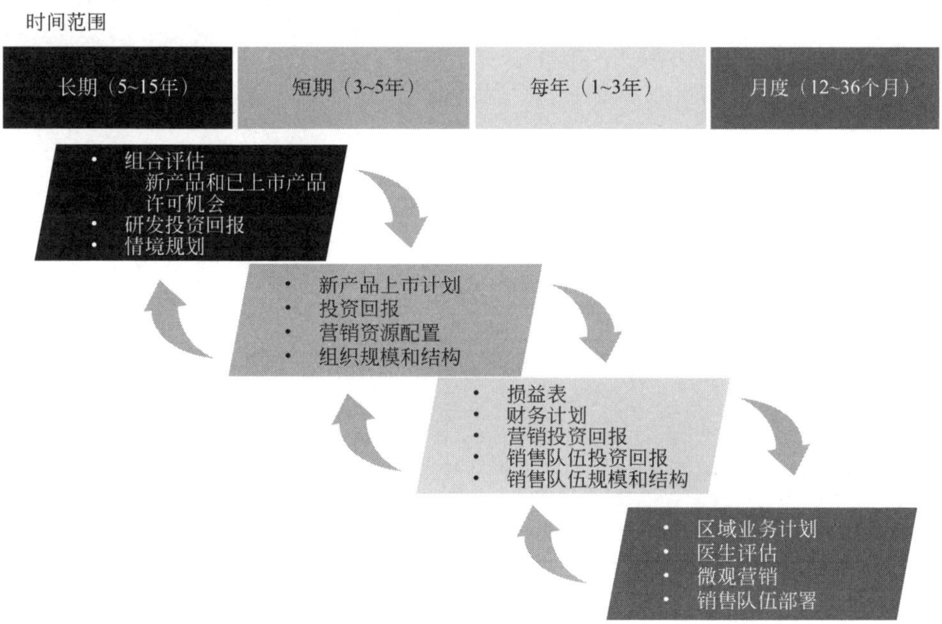

图1.6　预测的时间范围

预测的时间范围可影响预测方法的选择与模型构建。将某种产品的年度预测拆分为月度预测是一项复杂的任务。很难确保当年预测结束后，能平稳过渡到下一年度的预测，同时在这种过渡过程中要保持一个合理的全年增长轨迹对预测者来说是一大挑战。

与此类似，以月度为单位建立一个横跨多年的长期预测同样是一种挑战。将每月的数据输出汇总成年度数据并不困难，但很难对付这些冗长的数据输入和输出量，如以月度为单位进行十年预测，每个输入和输出变量都将有120个数据点。

总结

本章讨论了预测面临的一些挑战，并从不同行业角度回顾了预测的一些经验教训：众多的各类利益相关者对预测和预测者造成了不同的影响，既有横跨多年的预测需求，又有用于月度计划的短期预测需求，这些都是预测者必须权衡的问题。本书的其余章节将正面解决这些问题并展示一些可用于构建较为可靠预测的工具和方法。

2　预测的过程

近似乃至模糊地回答正确问题，远比精确地回答错误问题好得多。

图基

实话实说反而会遭人误解。

匈牙利谚语

在第1章，我们讨论了在医药行业中预测需求及在不同职能部门决策时预测的作用。在本章，我们将探讨预测领域的最佳实践案例、预测者可用的方法和预测方法里可使用的分析工具。

预测过程需要包含四个不同的步骤，即定义预测需求、选择适当的预测方法、分析预测结果、将预测结果呈现给最终用户。这些步骤如图2.1所示，并将在本章后文中对细节加以讨论。

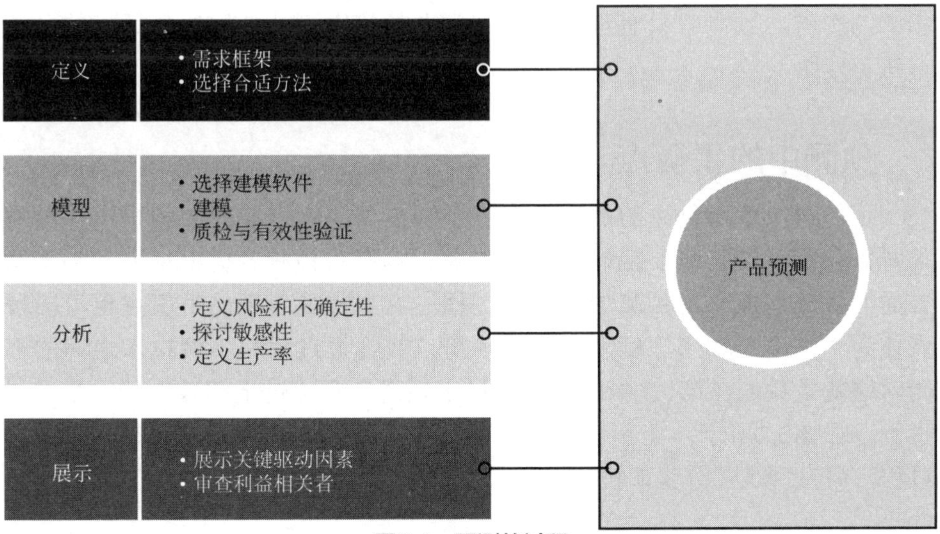

图2.1　预测的过程

预测的定义

预测的第一步是了解预测的用途，它决定了预测方向。如果它是用于处于研发后期的新产品，那么预测的时间范围可能会超过十年，并要做出年度收入数据预测。如果预测目前已上市销售的产品，则预测数据需要以月为单位、以收入和包装量为单位，并在两至三年时间范围内进行测算。如果用于商务拓展决策，那么预测算法可能需要评估拓展的潜力或营销伙伴的作用，或者需要明确评估所有交易中的财务条款。

预测是用于一个国家还是多个国家呢？这个问题的答案决定了用什么方法和框架来评估产品销售潜力。预测是否针对由药物和非药物干预综合治疗的某种特定疾病？如果是这样，那么预测者在对药物治疗进行建模的同时可能还需要对非药物或非处方药干预进行建模。预测是否用于财务规划、产品生产、组合投资决策、薪酬机制，或是这样那样的用途糅合在一起？你完全可以想象到，可能还会有很多问题，这些问题的答案决定了预测方法的选择和模型的构建。

预测在各个业务决策过程中的使用极为广泛，所以预测者在构建模型和分析时，能够理解预测的用途就显得极为重要。因此，任何预测实践的第一步就是与预测相关的人员和用户见面沟通，了解哪些业务决策会受到预测的影响。预测者只有理解了这些问题的答案后才能够选择适当的预测方法和理论。

预测中的平衡点

正如第一章所讨论的那样，在多个利益相关者和职能部门提出多种需求时，预测者经常需要把握其中的平衡。本章对预测者提出了另一类平衡方面的挑战，即平衡预测的方法和过程。这个常被忽视的平衡点也可能被表述为“广度”和“深度”之间的平衡，或强调过程和强调技术之间的平衡，这就是我们在第1章中所说的“过于宽泛”和“过于细致”的一个具体事例，如图2.2所示。让我们来讨论两种极端情况，一种是预测时过分强调过程，另一种是过分强调技术。

图2.2 预测是维持平衡的行为

强调过程的预测意味着企业“买账（buy-in）”是预测的核心要求。预测必须能够在企业内广为传播并得到理解。更重要的是，最终用户能同意并支持这种预测，有时，这就会牺牲预测技术的复杂性。如果它需要能被较大范围的用户所接受，如制造、营销和管理部门，预测模型就应该尽可能使数字和相关计算以便于理解，这可能又会牺牲一些技术上的严谨性。在过分强调过程的企业里，用户会认同预测结果，但往往可能是基于肤浅或不严谨的分析，甚至是诡辩。

另一个极端就是过分注重技术，导致预测模型往往非常复杂。该模型可能包含多个工作簿中的页面，有多种输入变量，并采用最先进的风险和不确定性分析方法。这些模型由于过于复杂，会产生一种“黑箱”般的不透明感，普通用户根本无法对分析方法进行仔细研究或是对模型进行简单的改动。最终用户必须对预测结果采取信任策略，即在无需了解有关的步骤和计算的前提下，相信预测模型的结果。虽然技术已经较成熟，但这些模型通常无法在企业内部被轻易接受。在一个注重技术的组织内，如果预测被解释为“因为模型得出就是这个结果”，这可能会导致对预测结果不信任或不重视。严重依赖这种预测方法的企业会被困在技术的桎梏里。

这两个极端做法均不可取，但不幸的是，它们却经常出现在一些企业预测过程中。为了客户可以接受而改变预测结果，或是在解释预测结果时完全依赖模型，这两种情况非常常见。因此，预测者面临的挑战是把握预测过程中的平衡，从而避免出现这两种极端情况。

至于这个平衡点在哪里，更多的是由企业文化，而不是预测本身决定的。例如，以共识为导向的企业比技术型企业更重视预测结果的可接受性，预测方法也更注重过程。相反，注重分析的公司，相比让所有利益相关方同意预测结果，可能更注重深层技术分析。如果一个企业的文化只强调平衡木的一端，而忽略了另一端，那么从这个意义上讲，预测就失去了完整性。

选择一种预测方法

> 在过去15年里，最危险、被滥用且毁掉思想的技术发明无疑是电子表格。每天都有数百万名管理人员开启他们的电子表格软件Lotus1-2-3和微软的Excel程序，摆弄几个数字，然后就自欺欺人地以为是在预测未来。

这段话[1]引自迈克尔·施拉格（Michael Schrage）在1991年发表的言论，极具挑衅意味。他还说，如果让他选择，他宁愿聘请一名优秀的科幻作家，而不是一名分析大师来做预测（详见附录A）。这些观点的重点在于，预测远非是将模型置于电子表格中那么简单，预测设想的是未来的情形，然后将这种想法与他人沟通。

虽然科幻作家能否替代医药行业的专业分析师很值得怀疑，但是将未来情境置入预测模型的经验是很重要的。在讨论改进提升预测模型的分析工具时，我们也将重新审视这个概念。迈克尔·施拉格评论中的许多要素都和医药行业有关。在医药行业，用电子表格进行建模的情况十分普遍。

图2.3罗列了更全面的预测方法。正如过程和技术要素或预测之间的平衡一样，选择预测方法也存在类似的平衡问题，它包括用户友好性和模型复杂度之间的权衡。图2.3列出的预测方法涵盖了从用户友好性最高的（直觉法）到复杂软件模型的一系列方法。下面先来介绍这些方法，然后讨论针对特定的预测实践，以及如何选择方法。

[1] 迈克尔·施拉格，利用电子表格解决实际问题，洛杉矶时报，1991，4月11日，D版，第1页。

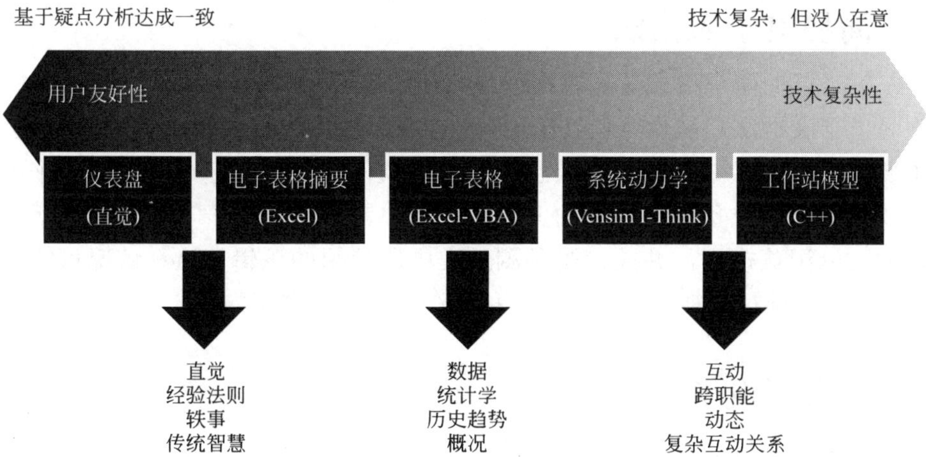

图2.3 预测方法

仪表盘法

仪表盘法也称仪表盘建模法或直觉建模法，是指依赖于个人的知识和经验去创建预测模型。这种预测模型可以简单到可以直接写出来。这是一种有效的预测方法，如果预测者的经验直觉和预测相关且准确，通常可以形成有效的预测结果。用户可能内心会进行一系列复杂的分析和逻辑梳理，得出的结论通常只是表达了对预测者的信任。这是一个用户友好度很高的方法，无非只需纸笔和一段时间来思考而已。但是，如果预测者使用的思维过程一直没有进行记录，预测会因缺乏透明度而产生类似黑箱模式那样的不确定感。此外，如果预测者使用了直觉预测法却没有对预测的逻辑做好解释归档工作，一旦预测者转岗，会导致机构“记忆丧失”（没人记得这回事）。

工作站法

工作站法是另一种极端。该方法通常采用极其严谨的分析，这些分析可能包括统计时间序列分析、纵向患者流量建模、深度模拟库和其他一些方法。这些方法的特点是，需要进行分析的数据众多，或是预测过程十分复杂，这就需要复杂的软件程序来实现。在这些方法中，用户通常将假设及数据一并输进计算机软件中，然后利用模型计算出相应的预测结果。与预测时过度强调技术一样，这也会产生类似黑箱模式一样的不确定感，使得普通用户难以理解其方法和过程。此外，很难或不可能利用这些软件对特定疗法的预测进行定制或设计算法。

简易电子表格法

因为以上两个极端方法有很多缺点，大多数企业会取一个折中的方法。简易电子表格法，就像那些在Excel中创建的电子表格一样，是当今预测的主要方法。大多数分析师都熟悉电子表格软件，并喜欢通过创建公式来为市场建模并形成预测。预测的多数最终用户都很熟悉电子表格软件，所以他们可以浏览模型，并能检验预测过程中所使用的逻辑。这种情况可能会让迈克尔·施拉格很失望，因为这种方法是目前的主流方法。

分析型电子表格法

这种更复杂的电子表格法是从简单电子表格法演变而来，它通常包含内置于电子表格模型中的一些导航工具（如国与国或患者组之间转换）和分析功能（如不确定性分析和模拟法）。这种模型的典型例子就是Excel电子表格，它使用VBA来运行预测算法，同时输出图表和表格。这些模型复杂性的提高，付出的代价是用户友好性的降低（如改变模型需要用户在VB编程设置中做出修改），但许多企业现在都选择了这个相对平衡的方法。

系统动力学法

系统动力学模型是过去十年里出现的一种更为复杂的方法[1]。利用这种预测方法，用户可以创建一个模型，用于跟踪一段时间内个体的病程进展，还可以将这些信息在预测模型中循环反馈。例如，如果一名患者处于治疗、病情缓解和复发的循环周期里，那么系统动力学模型比较适合这种模式的预测。在电子表格模型中尝试模拟相同的变动情况会产生循环引用错误，进而困扰电子表格用户（循环引用是指Excel用户在引用一个用于计算的值时，所产生的一种软件错误。例如，在A=B，B=C和C=A三个等式里，C=A会被称为循环引用）。系统动力学模型的外观和感觉与电子表格模型给人的差异很明显，需要一定程度的训练后才能创建、使用和解释这些模型产生的结果。随着医药领域中越来越多地运用治疗规范和病程进展模型，系统动力学方法应用范围越来越广。市场上目前有一些软件包可支持系统动力学模型，比如系统思考软件iThink、系统动力学模型模拟软件Vensim和系统动力学仿真软件Powersim等。

---

[1] M. 派奇，C. 派克和J. 瓦伦特，药品品牌战略：利用动力学建模有效地进行品牌策划，CRC出版社，2005年。

在后续章节里，将对所有这些建模平台举例说明。我们也将对其进行更深入的探讨。现在，预测者面临的挑战是，如何选择与企业文化一致的预测建模方法，以及在用户友好性和技术复杂性之间如何平衡。

采用哪种方法得到的结果更准确呢？没有一种会更准确。一名经验丰富且极富洞察力的预测者凭直觉建立的预测，即使不比一个复杂软件包建立的预测更准确，也可以不相上下。那么，哪种方法更透明呢？答案是中间的那三个。在采用直觉法时，如果用于建立预测的逻辑只停留在预测者的脑海里，而没有相应记录，也未在预测中加以解释，它就缺乏透明度。采用工作站模型法时，如果数据的运算和处理过程不透明，那么这种方法也缺乏透明度。哪些预测方法更可靠一些呢？答案还是中间的那三个，因为它们具备一定的透明性。

与产品生命周期一致

选择哪种预测方法不仅取决于用户友好性和模型复杂性之间的平衡，还与产品的生命周期息息相关。图2.4展示的是医药产品典型的生命周期，即从临床前的研究到上市，再到丧失市场专卖权为止。

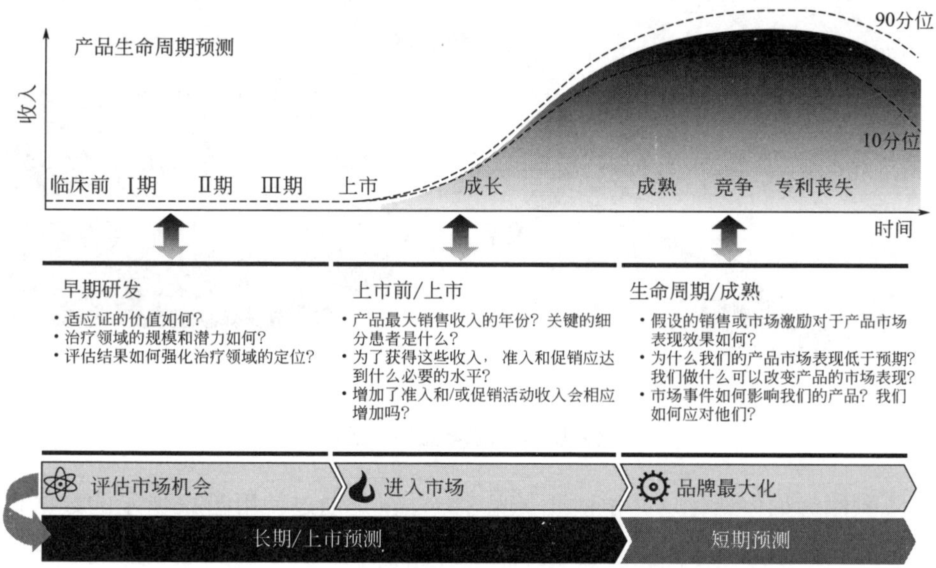

图2.4 预测方法与生命周期联合

前面我们提到这样的问题，即单一的预测模型能否适用于整个产品生命周期。答案是否定的。这是因为当一款产品上市并开始产生时间序列数据时，预测方法就会发生重大变化。一款产品在上市之初就会产生与产品用途相关的数据，比如处方、治疗天数、开出的药物剂量等。数据的出现，具体说就是时间序列数据，会使预测方法从偏定性转变成偏定量。我们在讨论预测者建模时必须解决的一些定性问题后，将讨论它们之间的区别。

定性法与定量法

预测者的首要职责是将定性要素融入能为产品创造收入和包装量预期的定量框架中。图2.5呈现了这种融合效果。定量分析工具，如灵敏度分析、概率生成法和净现值等，都已经比较成熟。而很多定性要素对预测者是一种挑战。对竞争效果、市场敏感度、医保报销问题、促销水平、依从性等要素的量化对预测者是相当严峻的挑战。这些定性要素既存在于新产品的预测模型里，也存在于已上市产品的预测模型里。在任何一种方法中，预测者都必须处理这些要素的量化问题。

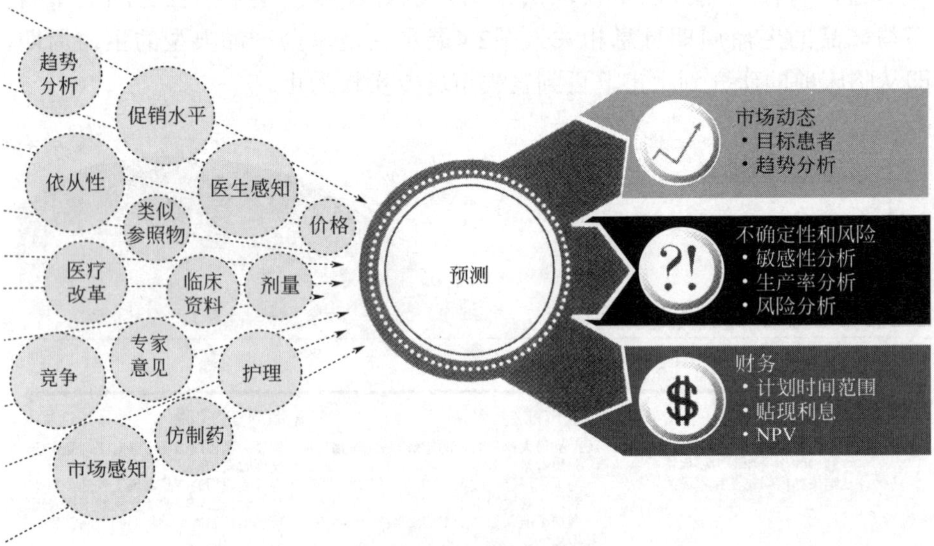

图2.5 定性法与定量法联合

预测者如何量化这些定性要素呢？办法就是通过使用图2.6所示的数据和隐性知识。预测者可利用多种方法收集数据，其中许多数据本质上就是定性的，但也有一些偏重于定量化。这些技术与预测者和/或一个企业的隐性知识结合时，就实现了预测所需的定量化。这种相互结合的实例是进行市场调研，以收集医生的观点，进而解释医生这些反应，用于预测产品的市场份额。

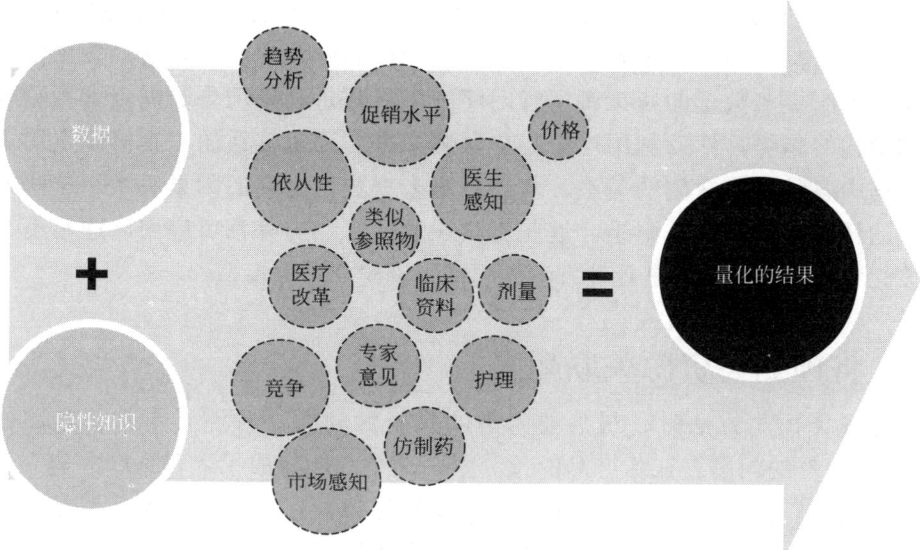

图2.6　量化过程

图2.7列出了预测者可用于收集数据的一些方法。最左边一列，即“判断”法，是纯定性的。越往右，方法的定量性越强。左边两列的方法适用于新产品的预测。一旦有了时间序列数据（在一款产品上市后），就可以应用右边两列里的工具了。这些方法与产品的生命周期和预测方法的演变在某种程度上是匹配的。

随着产品从一个阶段发展到另一个阶段，预测方法也必须随之演变。

判断	计算	时间序列	因果关系
历史类推法	二手数据	移动平均数	相关性
简单外推法	市场调研	平滑化	回归分析
德尔菲法	联合分析	自适应滤波	先导指标
情境法		分解	输入-输出
专家讨论会		趋势外推法	计量经济学
交叉影响分析		自回归移动平均模型	自回归分析

图2.7　预测方法的进展

第一列工具，即判断工具，其设计目的是从部分受访者中获取观点。第二列工具，即计算工具，用来从更大规模的样本中获取判断，然后将结果呈现给更多数量的决策者。时间序列工具都是利用历史数据点来预测事物变化的趋势，然后利用这个趋势预测未来。因果关系的工具可确定历史数据中各种变量之间的关系，从而预测未来数据之间的因果关系。这些方法的详细定义请参见附录。这些工具在医药行业内外都可应用，通常不会彼此独立使用，经常是几种方法一起使用以建立预测模型。

将预测与资源关联起来

选择预测方法时，最后要考虑的是资源问题：预测者常常将其比作“鸡和蛋”的问题。在新产品的预测中，这个问题就成了“我为产品建立预测模型时，是该假设利用‘最优’的营销资源，还是利用能得到但是次优的营销资源？”之所以面临这个难题，是因为应用到推广产品上的资源关系到产品潜力的预测，产品潜力也是分配到产品上的资源水平的函数。

图2.8呈现的这种循环逻辑，几乎总会在预测时出现。在对已上市产品进行预测时比较容易建立预测模型，原因在于资源和产品表现之间的关系很容易观察到，但对开发中的产品进行销量预测时是没有这些数据可用的。

当预测驱动资源：

预测假设资源水平具有竞争性，实际使用资源时不做调整；

资源的水平基于可负担性进行预估；

我们需要对每个产品可靠的预测，获得顶线增长的目标，或促销花费可以满足底线需要。

当资源驱动预测：

假定的资源水平是存在的，我们预估当年的预测结果。

图2.8 预测与资源的关系

预测者可用两种方法来对资源和产品表现的这种联系进行建模。用第一种方法时，预测者先确定能使产品达到理论上的最好表现时所需的最优或最优竞争力的资源水平，然后再确定在最优资源水平和较低资源水平下资源和产品表现之间的关系。随着资源水平的降低，预测结果也会随之下降。采用第二种方法时，预测者先假设产品销售过程中已经使用的资源水平，然后对产品预测中的增（资源增加）和减（资源减少）进行调整建模。这两种方法在分析上是相同的，只是分析的起点不同。如前所述，应用于已上市产品销售预测时，这个方法是有效的；但将其应用到新产品的预测时，预测者需要另外创建资源响应曲线模型，找到产品表现与资源之间的关系。更具挑战性的是，企业在新产品预测中往往会忽视资源假设条件的限制对预测结果的影响问题。经常出现的情况是，新产品预测的资源假设条件在使用之前，已经被财务部门记录在案，当产品上市和资源分配决策已经做出时，预测数据未做相应调整。

以决策为导向的预测

当问到“预测的目标是什么？”这个问题时，最常见的回答是“准确预测未来”。正如我们在第一章所述，从许多行业的预测经验看，预测的准确性并不理想。我们也讨论过其中的原因，比如商业环境的变化、有偏倚的假设或不符合市场实际情况的假设，以及不确定的数据等。预测者真正的目标应该是向决策者展示这些不确定因素、风险和敏感性，以便他们能够有更充足的依据去做出决策。

有很多预测分析工具可以整合用于决策分析，如图2.9所示。预测的结构应该包含风险和不确定性分析，以便让用户更好地了解预测的上升空间和下降风险。分析工具能够增强预测在做出更优的战略和运营计划方面的作用。我们接下来会详细举例说明如何在预测中使这些分析工具发挥最大作用。

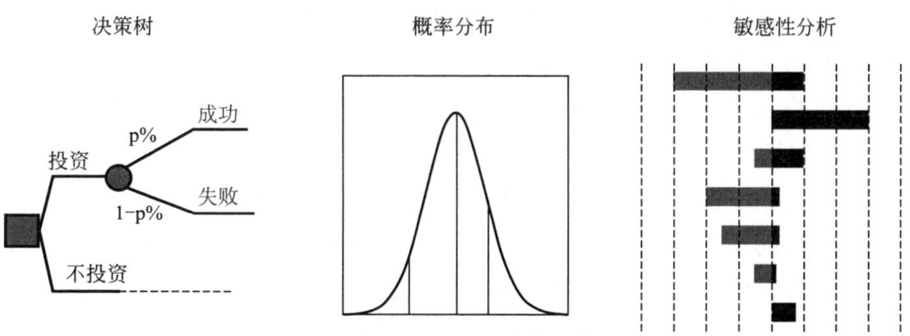

图2.9 以决策为导向的分析工具

风险与不确定性

在讨论产品预测时，风险和不确定性是经常交替使用的两个概念。对于许多人而言，“产品未上市的风险是什么？”和“产品上市的不确定性是什么？”这两个问题之间的区别无关紧要。同样，如“导致我们无法实现预测销售量的风险是什么？”和“你有多确定我们能实现预测销售量？”也被看作是一个意思。但事实上，风险和不确定性这两个概念分别代表了市场中两种截然不同的变动情况，我们应该对它们加以区别对待。在讨论可用于风险和不确定性分析的分析工具前，我们需要先弄清楚这些概念的定义。

从预测者角度来看，风险和不确定性之间的区别在于是否（何时）处理不确定性。在产品的研发过程中，风险可以在整个规划过程中得以处理，但不确定性甚至在产品上市后仍然存在。例如，产品不上市的风险可以通过上市概率进行量化，可以通过确定临床路径节点上的概率来量化。即使产品上市后，由于预测时输入的假设条件存在不确定性，也会导致预测结果仍然存在不确定性，且这种不确定性是预测本身固有的。

例如，在预测充血性心力衰竭的患病率时，其具体数值可能为人口数量的1% ～3%之间。假设严格审查数据也无法解决患病率的差异，那么预测者该使用哪些数据呢？如果预测者单纯地使用1%或3%，那潜在患者的数量将会有3倍出入。如果预测者将两个数据点结合，取平均值的2%进行预测，那他们要么高估了（如果1%是准确的比例），要么就是低估了（如果3%是准确的比例）预测潜力。在这个简单的例子中，仅使用3个可能中的任何一个，即1%、2%或3%，都会导致对潜在患者数量不准确的描述。一个有充分依据的预测应该是将预测结果的范围和合理的前提假设的范围联系起来并显示出来。

这些概念可参见图2.10。在这幅图里，风险尤其是技术风险和法规风险，可用临床试验成功概率和获得监管部门审批概率来代替。产品投入市场后预测仍然存在不确定性，主要是存在过高或过低的产品潜力预测。这两种不同的结果体现出预测中使用了不同的患者数量、依存度以及其他仍存在不确定性的输入变量的组合。

为风险和不确定性建模的分析方法各有不同。在产品研发过程中，我们可以使用简单的决策树对风险进行建模并处理风险，决策树的每个枝干上的概率可以组合得出一个整体风险系数。这个整体风险系数代表了产品成功上市的概率，具体是指临床试验成功的概率和获得监管部门审批通过的概率，可见图2.11。

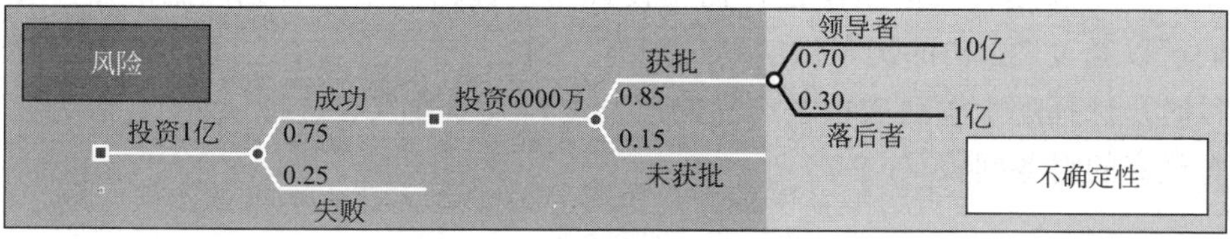

图2.10　风险与不确定性

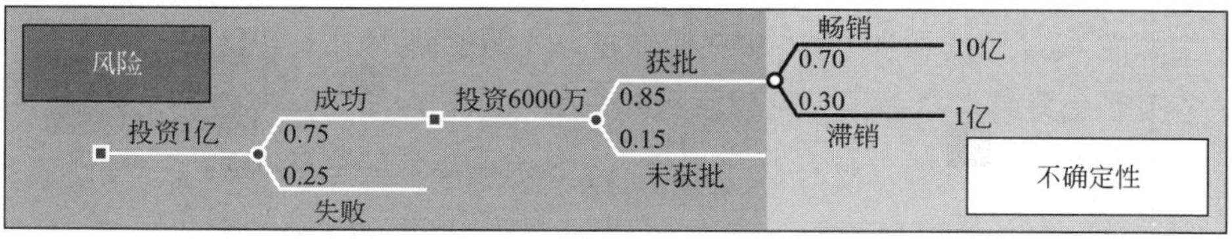

产品商业化概率
= 技术成功概率×获批概率
=0.75×0.85
=0.64
=64%

图2.11　计算产品成功上市的概率的风险

产品上市后，预测仍然存在不确定性。在最简单的分析模型中，我们可以将收入中的不确定性转变为收入的预期值。将每种情况发生的概率作为权重，对出现每种情况独立的预测结果进行加权，就可以实现这种转变。在上述简单的例子中可以得出的预期值如图2.12所示。

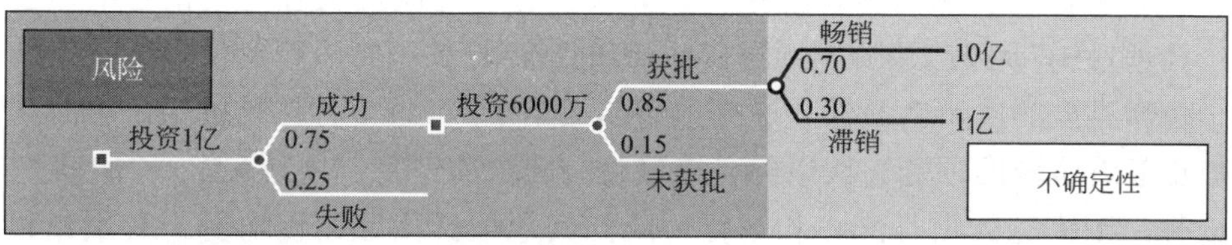

产品商业化的预期价值
= 畅销概率×价值+滞销概率×价值
= （0.70×10亿）+（0.30×1亿）
= 7.3亿

图2.12　产品预期价值的不确定性

不确定性为决策提供信息支撑

传统的观点认为，不确定性对预测产生负面影响，并且认为预测不确定性越大，其准确性就越低。这种看法相当短视，因为预测不确定性的驱动因素里隐藏着大量有价值的信息。除此之外，我们应该将预测的结果看作是一个连续分布的范围值，而不仅仅是决策树例子中看到的离散点，我们可以通过图2.13的例子说明这一观点。图2.13有三个点，当面对这三个项目时，选择哪个项目来推进产品的研发呢？大多数人会选择项目C，因为它有最高的财务回报（NPV）。

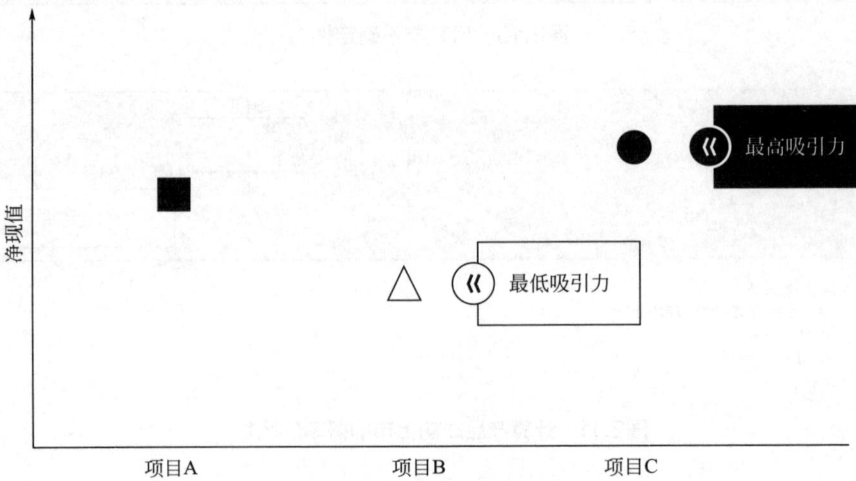

图2.13 点预测的项目吸引力

但是，让我们运用财务回报的区域值再做一次选择，图2.14展示了同样的项目选择情况，当我们运用财务回报的区域值时，现在你会选择哪个项目？不如之前那么容易选择了。如果你是一位风险厌恶型决策者，你会选择项目B，因为如果达不到NPV均值的话，它的下行风险最低。如果你是一位激进型的决策者，你会选择项目C，因为不考虑下行风险的话，它的均值更靠近值域的顶端。如果你寻求风险与回报的平衡，项目A是一个合理的选择，因为它的上行潜力和下行风险同其他项目相比比较均衡。对预测和NPV结果采用区域值可以帮助决策者做出更明智的决策，而不是仅仅关注收益这一单一指标。在此案例中，让风险暴露出来有助于做出更强有力的决定。

第二个运用区域值预测的案例，例如，潜在的预测结果分布如图2.15所示（我们将在下一节中讨论这种分布如何产生）。通过理解潜在的预测结果以及与不同结果出现的概率，预测接受者就可以在决定使用哪个结果用于规划时做出更明智的判断。

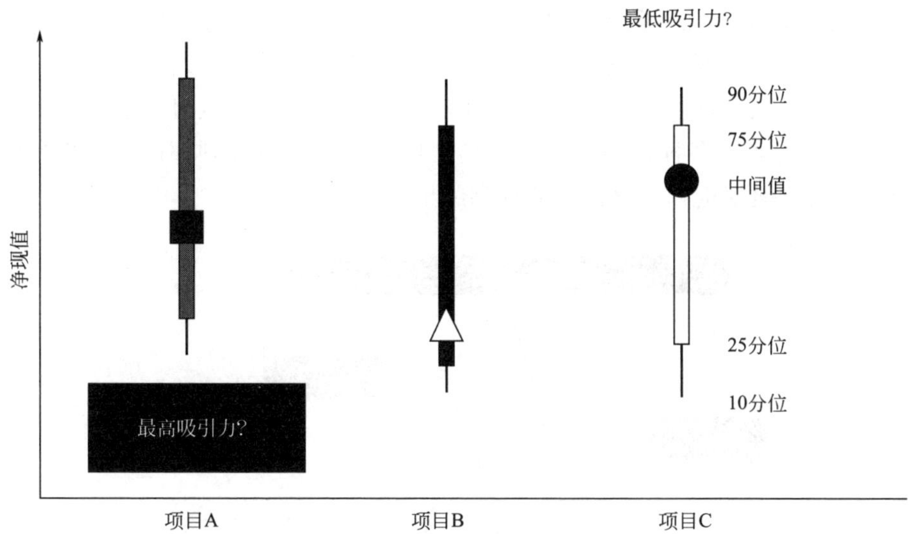

图2.14 区域值预测的项目吸引力

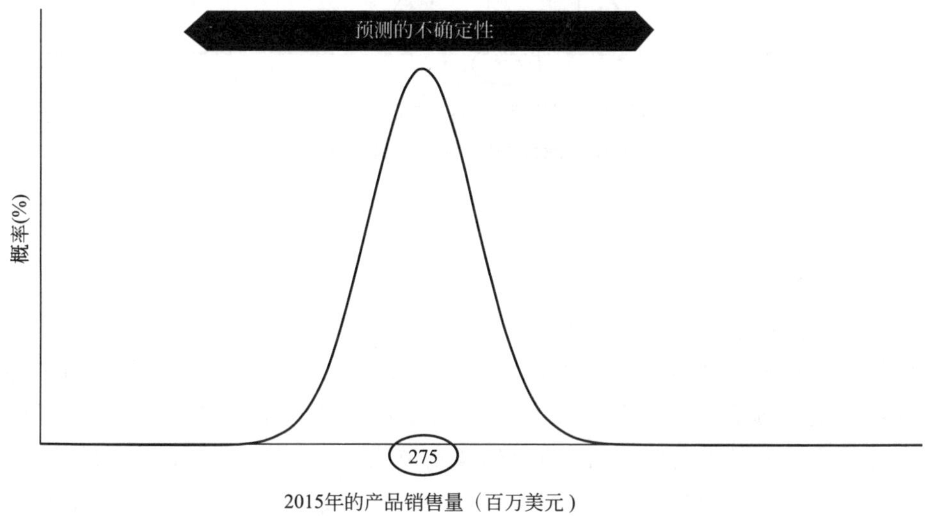

图2.15 潜在结果值域的不确定性

图2.16展示了有充分信息支撑的规划与预测不确定性之间的联系。这个例子呈现了所有潜在的预测结果，不同的规划部门可以在这个范围里制定不同的计划，对于生产部门而言，中间点以上的预测可以允许库存过剩，从而避免出现断货状况。对于区域销售组织来说，他们可以制定相应的薪酬方案，可以选择略高于最可能值的预测，以便激励销售人员达到预定的“拓展目标”。如果财务策划师在制定应急预案以应对概率较低但影响巨大

的状况，那么可以选择低于最可能值的预测。从本质上看，每个职能部门都可根据预测需求，从各类预期结果中获得所需的预测。这就避免了在企业内部产生的各种不同预测需求对预测的干扰。相反，也可以从单一的预测区域值内实现多种策略规划，在这个区域值内，各计划部门可根据预测结果的发生概率选择可以接受的预测结果。

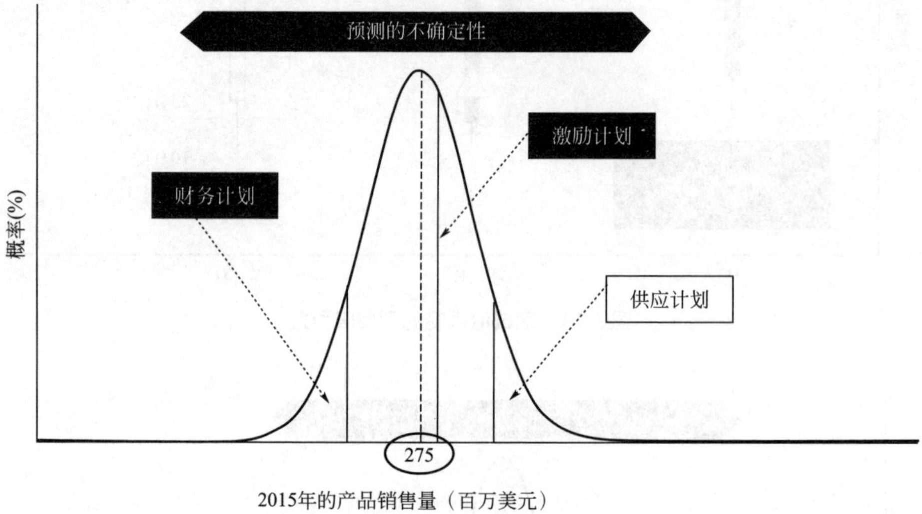

图2.16　将规划与预测的不确定相关联

模拟

使用模拟法可以获得预测的各种区域值。如图2.17所示，模拟法和输入变量的不确定性相结合可以得出一系列输出结果的分布。该方法的核心是多次运行预测算法，每次从每个输入变量的分布中随机提取一个点值。随着独立运行数量的增加，输出结果分布就会出现如图2.18所示的结果（输出结果与预测算法的迭代有关）。输入的区域值的偏斜度，会保留并转移到输出结果的区域值中。这些方法有效地获取了输入的假设条件固有的不确定性，并将这些不确定性体现在预测输出的结果中。用户可以使用一些软件工具来实现这些模拟预测，像Excel的加载项程序，如水晶球软件Crystal Ball、风险分析软件@Risk，以及风险预测Risk Detective，它们都具备这种模拟预测能力，所有我们仅用Excel就可以执行这些运算，且不需要用VBA去添加其他程序。通常需要几百次的迭代后，才能产生均匀分布的结果。

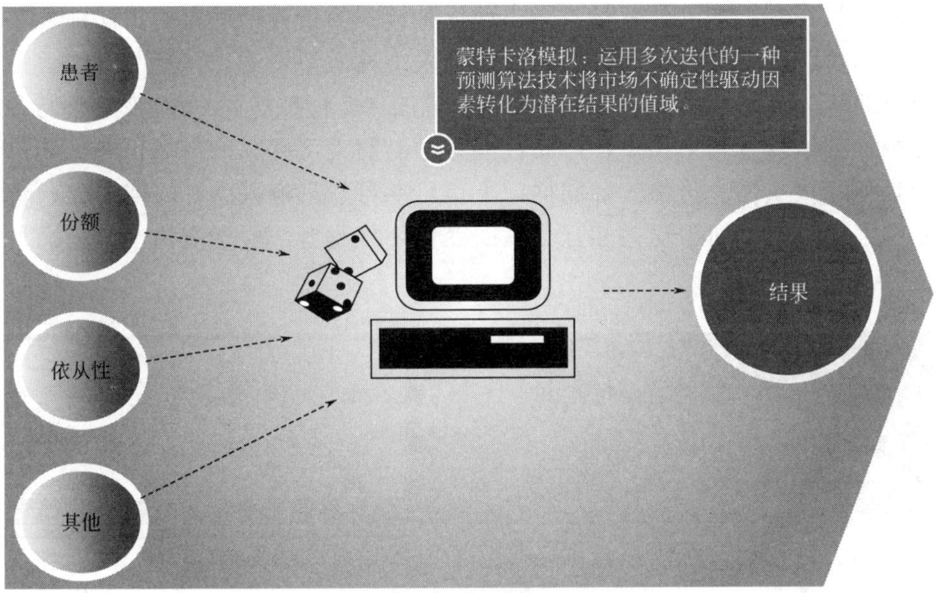

图2.17 模拟法

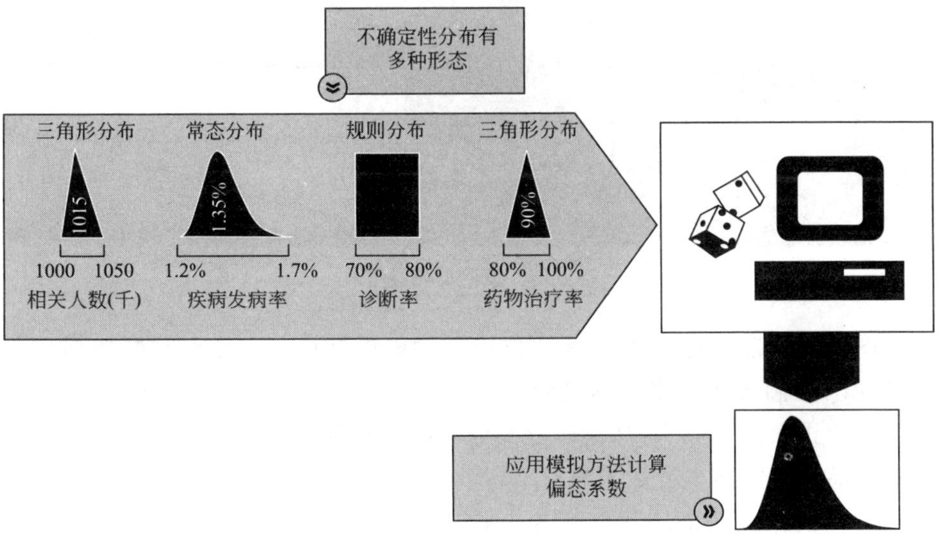

图2.18 生成输出区域值的模拟法

情境

模拟法适用于预测值域中的大多数输入变量。但是，有些输入变量会非常依赖预测中的其他变量，当出现这种较强的依赖性时，模拟法就显得不恰当了，在这种情况下，预测者必须采用离散情境法。以产品性能、上市日期和价格三个输入变量为例说明情境法（非模拟法）。每个变量都与预测中的其他变量紧密相关，产品性能方面的假设可能影响市场份额、药物治疗率、依从性、价格等，同样，上市日期可能影响采纳、峰值份额、价格和医保报销。对于这些相互关联的变量，预测者一般采取情境分析，如图2.19所示。

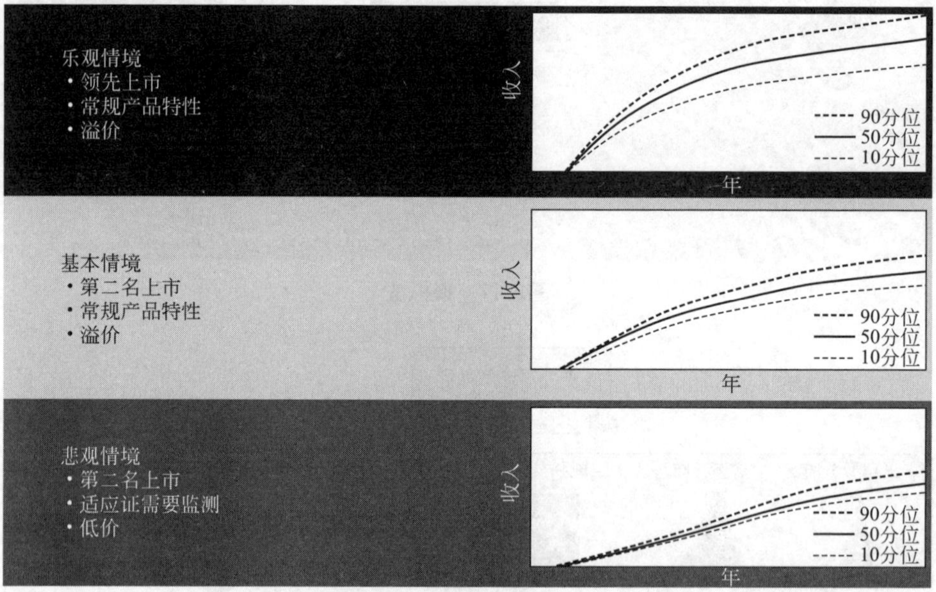

图2.19 情境与模拟技术

图2.19中的示例适用于3种不同产品性能的情境，每个产品性能都结合了其他两个输入变量建立预测模型。用户定义一个关于产品性能的离散情境，如“进取型产品”，然后确定其他输入变量的区域值，而这些区域值依赖于产品性能的定义。如果有3个情境，如本例中的3种产品性能，就有3种不同的预测输出结果，每个输出结果都会随着模拟的其他变量的输入值的不同而变化。如果存在多种变量，那么组合的种类会迅速增加。例如，3种产品性能结合3种价位，可以创建多达9种的离散情境。预测者必须决定哪些情境需要使用模拟方法进一步评估。

用于产品组合规划的预测与用于大多数其他规划的预测有所差异。对于战术性规划，如营销、运营等，将使用“最可能值”预测。“最可能值”预测结果的区域值来自于模拟的输入变量区域值。对于产品组合规划而言，将使用“盖然”预测，该预测考虑到所有离散情境，而不仅仅是“最可能值”的情境。在使用3个产品的例子中，每个情境都赋予了发生概率。所有情境发生的概率的总和为100%。然后，以赋予的概率为权重评分后，这些输出结果就可以算出总计值、概率收益或净现值。图2.20展示了这样的例子。

适应证：双向障碍

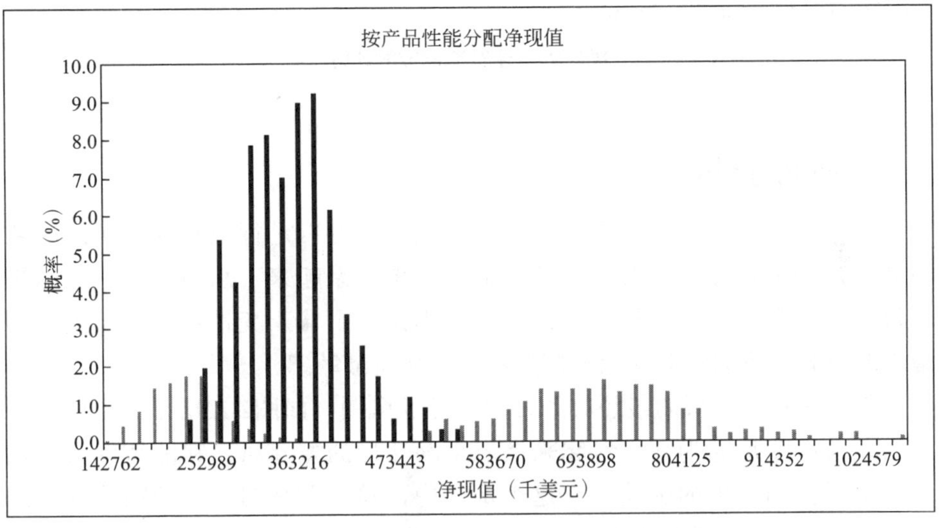

图2.20 情境法与模拟法联合应用于产品组合规划

如果把情境法和模拟法混淆会有什么危险？如果模拟法预测包含像产品性能、上市日期或价格这样的情境变量，有可能会出现无意义的组合。例如，保守型产品性能可能与高市场份额和快速采用形成组合，或高价与未进行医保报销谈判、快速采用形成组合。虽然这些组合的情境可能会貌似合理，但这需要预测者来确保这些组合是有意识的选择，而不是模拟法下的机械组合。

单一情境预测中，预测者会结合风险和不确定性的测量为组合战略的决策提供信息支撑。在这个案例中，决策者正在考虑研发中的项目的一系列资产以促进决策，例如：一旦根据收入来源的不确定性、技术法规风险、研发成本进行调整，哪项资产会给公司带来最高的净现值？从分析的角度看，可以通过计算生产率倍数辅助决策，见图2.21。回顾一下图2.10至图2.12风险与不确定性的讨论，我们可以用图中的成本来计算生产率倍数。生产率倍数可用于比较不同资产，可以形成一个标准的比较风险、投入、不确定性的方法。

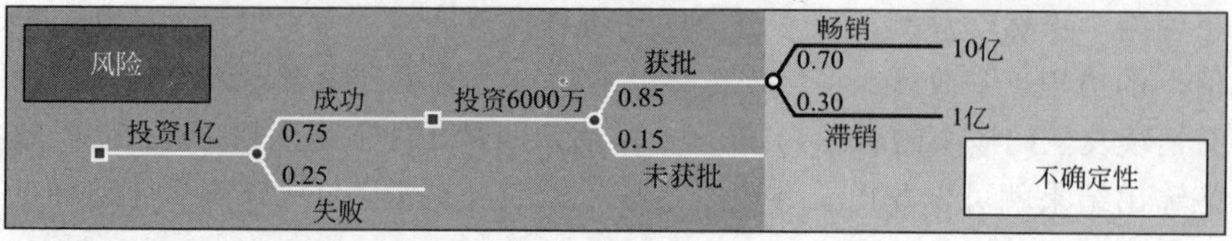

上市概率风险=0.75×0.85=0.64=64%
预期商业价值=（0.70×10亿）+（0.30×1亿）=7.3亿
预期开发成本=（1.00×1亿）+（0.75×0.6亿）=1.45亿
生产率倍数（7.3亿/1.45亿）×0.64=3.2

图2.21　生产率倍数的计算

敏感性分析

区域值预测得出的结果还有一个优点就是可以进行敏感性分析。敏感性分析是为了将输入的假设条件与输出结果联系起来，从而确定输出结果对每个输入变量的依赖程度。简言之，当某一个输入变量对输出结果影响最大的时候，我们就会说预测模型对这个变量最敏感。

用于敏感性分析的最经典的方法是龙卷风图，如图2.22所示。之所以命名为龙卷风图是因为它们看起来像一个漏斗形的龙卷风，它能体现每个输入变量对预测结果的影响。在这个例子中，第一列变量——药物治疗率的变化对预测结果影响幅度最大。在药物治疗率为“最可能值”20%时预测收入为4.0亿美元。如果药物治疗率只有17%，那么预测收入就下降到3.4亿美元左右。如果药物治疗率达到24%时，预测的收入约为4.8亿美元。为获得这些收入，就需要把数值定位在条状图中代表药物治疗率的低值处、最可

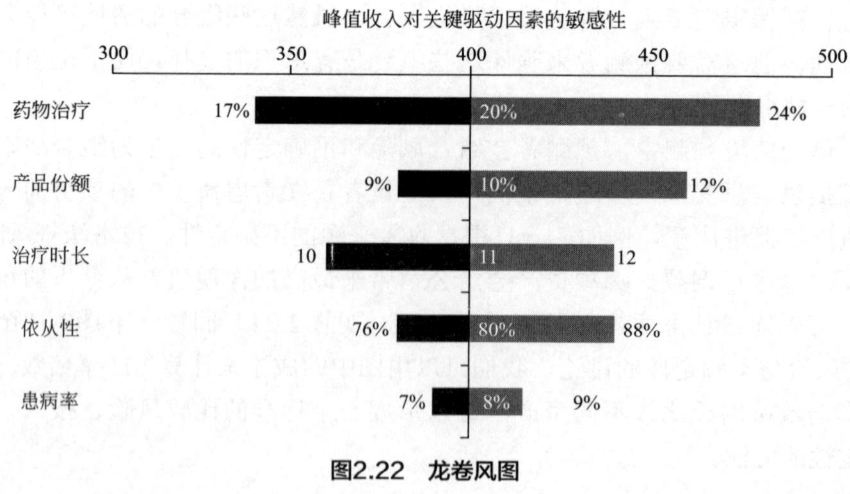

图2.22　龙卷风图

能值处和高值处，同时，在上方的标尺中可以读到相应的预测收入。注意，每个输入变量的最可能值都在该图中央，显示为同一条垂直线（相应的收入是4.0亿美元）。所有输入的条状图数字值域都围绕着这条中轴线。

此图可以非常直观地体现预测的敏感性。通过对示例图的简单观察就可以知道预测输出结果对药物治疗率的变化最敏感，而对患病率的变化最不敏感。

龙卷风图的另一好处是能用作战略规划的工具。通过审查列表中的输入变量与每个输入相关的预测结果变化幅度，战略规划师就可专注于那些对公司战略最可能有反应的变量。在本例中，相比放在增加患者依从性上，将战略重点放在增加药物治疗率上可能会产生更丰厚的投资回报，这是因为增加药物治疗率的上升空间大于增加患者依从性的上升空间。有些公司会将“影响系数”赋予每个输入变量，从而将营销策略引向那些可能受影响最大的变量。这些影响系数通常在0~1之间，0意味着没有组织的营销策略或行为能够影响预测输出结果相关的不确定性，1则意味着不确定性完全由营销行为决定。

龙卷风图也可以用于指导市场调研以降低预测的不确定性。以图2.22为例，通过市场调研改进后的峰值份额或患病率会产生一个更明确的不确定性区域值，由于峰值份额的不确定性影响的预测收入的区域值更广，所以通过改进峰值份额的假设条件比改进患病率更能缩小预测结果的范围（使预测更准确）。

瀑布图

瀑布图是预测中用来评估敏感性的第二种方法，图2.23给出了一个例子。瀑布图（如此命名是因为图中的数据柱看起来像瀑布）呈现了经相关变量修正过患者数量的效果。从左到右，我们可以从普通患者的总数（这个例子里是13560000）一直到可进行处方药疗法的患者数量（此处为1222000）。查看瀑布图，用户可观察到哪些筛选条件会导致符合条件的患者数量下降，也就是存量患者对各种预测筛选条件的敏感度。与使用龙卷风图类似，通过瀑布图的分析，重点关注那些对患者流影响最大的变量实施营销方面的努力，并形成战略行动。在图2.23中的例子里，与增加接受处方药治疗的患者比例相比，着重增加可能寻求治疗的患者比例可能会产生更大的增长。

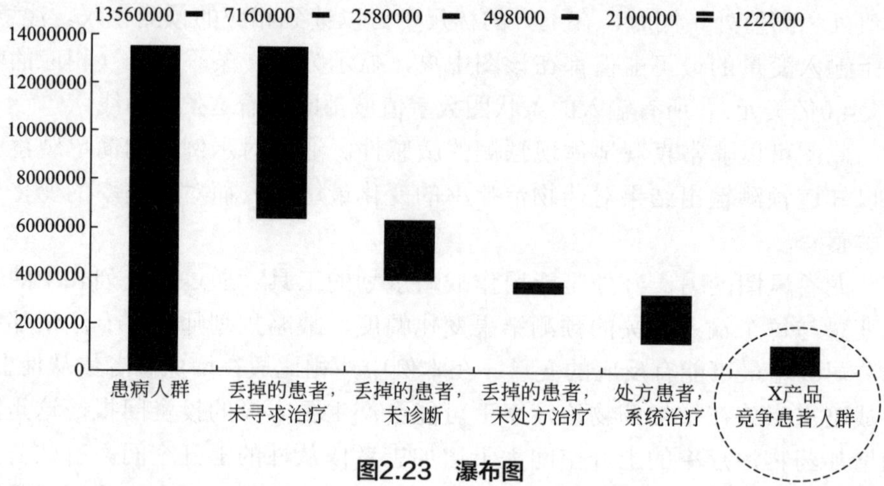

图2.23 瀑布图

成果展示

在20世纪60年代中期，一批“空想家”联合起来形成了未来学的核心圈，或称为对未来的理性研究。这些自认为是未来学家的人坚持用理性和务实的方法来讨论未来。他们没有声称要用神秘预言来预测未来，而是专注于创建模型或框架，并在其中讨论未来可能发生的结果。他们的组织，世界未来学会，已在多个不同行业进行了预测，并在预测实践中总结了一系列的经验教训[1]。表2.1展示了这些经验教训。

表2.1 预测时学到的经验教训

学到的经验教训
未来并非注定
没有一种方法适用所有情境
垃圾进，福音出
要有所选择
重点关注背后的逻辑
预测的效果和基本的假设效果差不多
利用区域值或情境
关注最近的过去
夸大技术的作用
不断问自己“那又怎样？”

❶ R. 阿玛拉，我们从未来规划方法中学到了什么，技术预测与社会变迁，1989，36，43-47。

许多教训是显而易见、不言自明的，然而其中有三条在医药行业特别常见，而且经常被忽视。这3条有必要深入讨论的是：“垃圾进，福音出”，“提防最近的过去”和“夸大技术的作用”。

“垃圾进，福音出”是从“垃圾进，垃圾出”演变而来。不难相信，当输入的假设条件有缺陷且不规范时，预测的质量就会很低，即所谓的“垃圾进，垃圾出。”然而，有种倾向认为，如果模型比较复杂，输出结果很详细，图表很精致且模型是花了很大的成本建立的，那么这必定是个好模型。用户会因为预测模型本身很复杂而被误导，从而对输出结果盲目信任。在现实中，无论预测模型和最终结果看似多复杂，预测质量始终是输入质量的函数。“垃圾进，福音出”的经验教训就是为了让人明白，不能仅仅凭模型复杂的程度去评判预测结果的好坏。

“关注最近的过去”反映的事实是，相比更早发生的事，我们对最近发生的事记得更清楚。这种心理在许多领域都很常见，但在预测领域尤为值得关注。下列情境中经常会出现这种变动情况。预测者正在为一款产品做12个月的预测，最近的数据点似乎并不符合之前11个月的趋势，在审查预测结果时，围绕这个数据点会有诸多讨论，它是否脱离了历史趋势？市场营销计划的结果是否初见成效并增加了我们的市场份额（如果近期数据点高于趋势线）？产品是否在市场上失去增长动力或是我们的竞争对手采取行动从我们这里“偷走了”份额（如果数据点位于趋势线下方）？在现实中，与趋势不符的数据点可能仅是数据出现异常，或者该数据可能在趋势分析方法的误差范围内。仅仅因为信息是新的且不是历史趋势的一部分，评论者就会把更多的注意力放在近期数据上，而对更为长期的数据不够重视。任何不得不抑制近期数据点或分析每周处方数据（相对月度数据而言）的预测者，在趋势分析时都会遇到“最近的过去”的偏倚。

在医药行业常见的第三条经验教训是“夸大技术的作用”。在学院商业课程里，它被称为“更好的捕鼠器”综合征。在更好的捕鼠器的案例中得到的教训是，虽然肯定可以设计一个更好的捕鼠器，但新技术本身可能不会在市场上引发任何额外需求。在医药行业，药品新机制的研发常常会伪装成“更好的捕鼠器”，仅仅由于机制的不同，并不能保证它将会在市场上成为更好的产品。但是，医药行业的这种偏见会造成对新作用机制产品的过度预测。这种偏见也在市场调查中发挥了显著作用，我们将在下章内容讨论这个问题。

这三个例子出现的原因是，在如何建立或呈现预测时，产生了微妙且有时无法识别的偏见。在提交任何结果时，预测者也必须关注预测评论者提供更显而易见的偏见。正如第一章讨论的那样，这些偏见是预测中多个主要利益相关者的态度体现。每位利益相关者都对预测存有偏见，这些偏见影响他们客观接受结果的能力。

尽管这些偏倚会对预测结果造成影响，但相比上面讨论的隐性偏倚，显而易见的偏倚实际上更容易处理。结合在表2.1学到的其他教训（如重点关注背后的逻辑、使用区域值或情境等），预测者既可以在被要求修改预测模型时据理力争，也可以利用备选方案或可能的输出值域来化解这些要求。此时，很多读者会觉得“说起来容易做起来难”，我们并非有意要把处理这种问题的难度说得很轻松，但预测者有责任为高级别审查准备出最好的解决方案，以呈现预测中使用的逻辑推理，并在被要求修改预测模型时，防止出现明显偏倚，或至少告知这些偏倚。

最后注意事项

本章介绍了医药行业中产品预测的过程。正如我们所见，有许多工具可用于预测。其中也有一些需要预测者注意的陷阱。在后续章节里，我们将讨论如何将这些概念融入用于新药品和已上市药品预测的算法中。

3 新产品预测

人无远虑，必有近忧。

孔子

不仔细观察事实，比错误的论证更危险。

保罗·瓦莱丽

第2章讨论的是预测方法可以与产品在其生命周期中的位置结合在一起。新产品预测包括评价尚在研发的新产品（也就是产品上市之前）。本章将介绍新产品预测的过程、工具、方法以及算法。

工具与方法

在第2章里，我们讨论了适用于产品预测的工具和方法，并确认了多种判断类方法适用于新产品的预测。这些工具可参见图2.7所示的“判断”和“计算”两列的内容。

新产品预测算法

新产品预测中使用的通用预测算法可参见图3.1。该算法，或经简单的调整，可以推广到几乎所有的新产品预测实践中。随着预测需求越来越复杂，算法的精细程度也随之变化，但相同的逻辑流程适用于产品生命周期中所有阶段。该算法可以分成三个组成部分，分别呈现的是用于建立市场模型、产品预测以及将使用该产品的患者转化成收入的一些要素。这些结构上的细分——市场、产品和转换，构成了新产品预测中市场变动情况的逻辑组件。

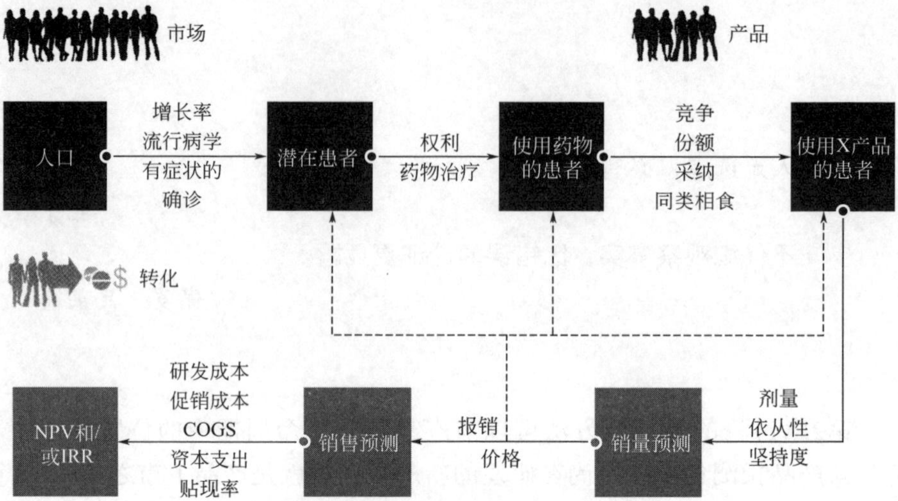

图3.1 新产品预测算法的构成

建立市场模型

建立市场模型以推测新产品潜在的市场规模。这是对市场潜力的一种测量，代表产品理论上的最大使用值。每个市场都由用户依据市场上将要预测的各类变动情况来定义。最简单的例子，预测者可以依据产品的相互竞争情况对特殊病领域的处方药市场进行定义，这种定义方法也可以扩展到非处方药、替代药物干预以及饮食和运动疗法。在某一疾病领域中，对市场的定义可以是广义的（例如所有治疗糖尿病的处方药），也可以是狭义的（比如只针对糖尿病治疗的口服处方药）。如何定义市场取决于被预测的产品相关的营销策略。我们将在本章讨论不同的市场定义方法和它们对预测算法的影响。

与市场定义的选择类似，用于为市场潜力建模的基础数据也有多种可选择。预测者是否应该利用患者数、处方总数、新处方数、治疗天数、收入或其他测量潜在用药量的指标？同样，选择哪些数据进行市场建模，也是摆在预测者面前的问题。本章将讨论的内容还包括在新产品预测中预测者面对的各种数据选项。

患者vs处方模型

预测者首先要做出的决定之一是选择什么数据进行市场建模。模型是否应该基于患者数、处方量、治疗天数或其他一些测量潜力的指标？正如几乎所有的预测问题一样，没有绝对的正确或错误的答案，它的答案取决于预测的目标、治疗领域和数据的可用性。

让我们来看两个例子，分别是基于患者的模型和基于处方的模型，如图3.2所示。基于患者的建模者从圆圈外面开始，确定患有特定病情的潜在患者数量，然后利用一系列的条件缩小潜在患者的范围，进而得出正在接受药物治疗的患者数量。基于处方的建模者从目前接受治疗的患者（即当前正在接受处方的患者）人数着手，然后将这个数字扩展到理论最大值。以上两种方法最终得出相同的信息，无非就是分析方向不同罢了。

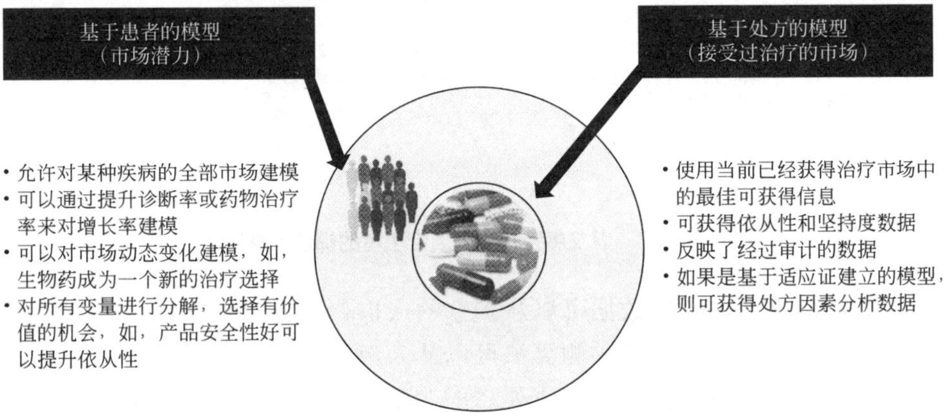

图3.2 基于患者的模型vs基于处方的模型

基于患者的算法

让我们先来看看基于患者的算法。在这种方法中，我们首先定义了患有特定疾病的患者理论最大值，然后经过筛选缩小范围，得出市场上目前正在接受治疗的患者人数。这是通过一系列的筛选完成的，如图3.3所示。

经过层层筛选后，一个国家或地区的人数，就缩小到正在接受药物治疗的患者人数，筛选的步骤如下：

- 测量疾病患病率或发病率；
- 估算患有某种疾病症状的患者人数；
- 估算确诊患有特定疾病的患者人数；
- 估算能够获得医疗保障的患者人数；
- 估算得到药物疗法治疗的患者人数。

这个方法在实践中的名称各异，比如患者筛选模型、获取医疗保障模型、患者干预模型等。无论用的哪个名称，每个模型都是用来测定理论患者数和当前接受治疗患者数之间的差异。

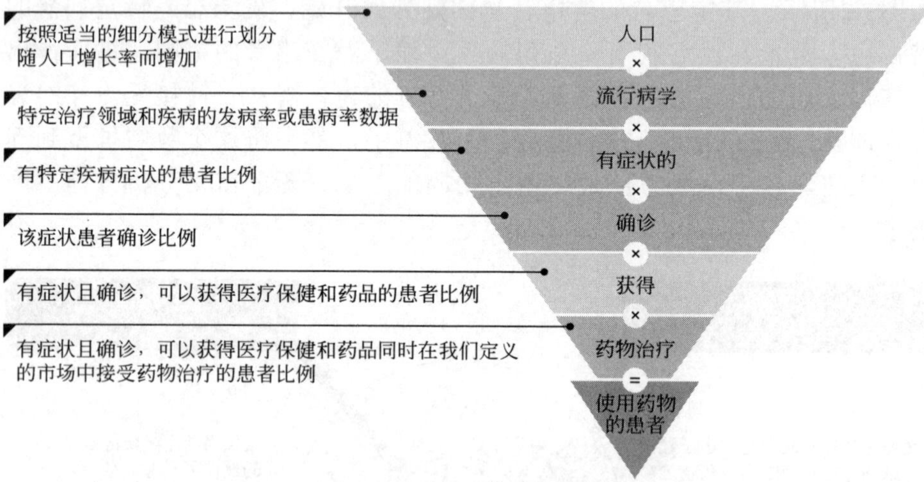

图3.3 潜在患者转化为治疗患者的筛选条件

通常情况下，人口数据可以从国家的人口普查办公室获取，并随时间变化进行预测。新产品的预测算法可以从人口数据中获取很多信息的变动情况，比如人口老龄化、出生或死亡率的改变以及与种族和性别相关的人口统计信息等。本章随后将讨论各个要素的细分。

流行病学数据，无论是患病率还是发病率数据，随后会应用到全部人口数量或相关人口数量上，以测定患有特定疾病的患者人数（这样的例子和后续的运算参见表3.1）。该算法的下一步，是估计这些人中有多少的确表现出了该疾病的症状，并得到确诊。如果这些百分比小于100%，潜在存量患者随后会缩小。在表3.1的例子中要注意的是，各种筛选百分比在图中的两个时间点都发生了改变。随着时间推移，对市场扩张（或收缩）进行建模就可以通过改变输入的假设条件来实现。

表3.1 患者流量预测计算

变量名	变量的定义	2014 年值	2020 年值
人数（百万）	美国 65 岁以上人口数（百万）	50.00	55.00
流行病学（患病率）	65 岁以上患有类风湿性关节炎的人口比例	1%	1%
患者数（百万）	患者数（人口乘以患病率）	5.00	5.50
有症状的患者比例	患者中表现出症状的比例	95%	95%
有症状的人数（百万）	患者中表现出症状的人数（患者数乘以有症状的患者比例）	4.75	5.23
诊断率	正确诊断出患有疾病的有症状患者比例	90%	95%
确诊人数（百万）	正确诊断出患有疾病的有症状患者人数	4.28	4.96
医疗保障率	有医疗保障或能负担起医疗服务的确诊患者比例	85%	90%
潜在患者（百万）	能够治疗的潜在患者人数（确诊人数乘以权利率）	3.63	4.47
药物治疗率	采取处方药治疗的潜在患者比例（与其他干预相对而言）	80%	85%
药物治疗患者人数（百万）	采取处方药治疗的潜在患者人数（潜在患者乘以药物治疗率）	2.91	3.80

下一个筛选条件的用途是校正享有医疗保障权利的患者数目。在一些全民享有医疗保障的国家，通过国家医疗保障系统，这个值可以接近100%。像美国这样的国家，这个值剔除了那些由于没有医保而无法享受任何私人或公共医疗服务的人口。在那些同时存在政府和私人保险的国家，例如巴西和墨西哥，通过这两种渠道获得的医疗保障都算或同时体现两个渠道的变化情况。在中国，由于不同的医疗保障报销政策，城市和乡村的情况要分开。对于那些在某些医疗领域存在得不到政府或私人保险公司医保报销的药品的情况，这个变量可以用来校正私人购买药物治疗的状况，例如，那些医保不予报销且价位高出低收入阶层承受范围的“品质”药品。

最后一个筛选条件代表的是选择处方药治疗，而不是非药物或非处方治疗的潜在患者（有疾病症状的患者、确诊并享有医疗保障）的比例。正如前面讨论的那样，这里的“药物治疗”的定义取决于治疗领域和所要求预测的性质，这样的例子包括处方药治疗建模、处方药和非处方药同时治疗建模以及对替代疗法建模等。

应用这些筛选条件的最终结果是，将某一区域的人口转化成同一区域正在接受处方药治疗的患者人数。流行病学数据通常低于100%，但是其他筛选条件的通过率可以接近100%。如果是这种情况，那就意味着市场上的筛选条件很少，接受药物治疗的患者数量接近患病者的数量，但是，如果任何筛选条件的通过率都低于100%，就代表市场仍有增长的空间，通过增加可通过筛选条件的患者的策略（即，增加每个筛选条件下的通过率）可实现市场扩张。我们在讨论对医生的医学教育的作用和直接面向消费者的策略时，会再次用到这个概念。

基于处方的算法

上述讨论适用基于患者进行预测的预测者，那如果是选择采用根据处方数据来模拟市场潜力，预测者要怎么处理呢？事实上，他可以从图3.2中的圆心开始，逐步转移到圆圈外部或理论最大值。在本质上，预测者仍然需要考虑前面讨论过的筛选条件，但他正在寻找能增加，而不是缩小当前已接受药物治疗患者数量的值。扩大市场的唯一途径是，找出那些可以改变当前已接受药物治疗患者总数的变量，随后强化运用这些变量。一旦患有该特定疾病的患者数量已达极限，市场扩张停止，实际上，这时预测者已经达到图3.2中圆圈的外部边界。

两种方法的对比

这两种方法哪种更好呢？基于患者的预测者认为其方法更好，原因是使用这个办法，用户能确定一款产品的潜在适用患者理论最大值，以及收缩市场的压力点。而基于处方的预测者认为，对治疗活动（通常是经过审核的数据）的现行测量指标比流行病学数据更准确，而且有症状患者比例和诊断率都很难获得。从本质上讲，基于处方的预测者认为，相比以流行病学数据作为起点开展预测，使用与目前药物使用情况有关的数据作为预测起点能为预测的建立提供更坚实的基础。

这两种方法哪种更准确呢？两个都有各自的优势，但也都有不足之处。为了验证这两种方法，预测者还必须用到其他方法得出的数据。对于基于患者的建模者而言，要确保预测的完整性，通过层层筛选最终得出的患者数量必须能通过市场上实际的观察结果（经审核的处方数据）的验证。对于基于处方的预测者而言，确定何时该停止市场扩张的唯一途径是确定预测的上限，本质上是患者数量的最大值。两类预测者都需要相同的信息，并使用相同的算法，唯一的区别是建议预测的起点不同。

成功与失败的案例

每种方法都出现过成功和失败的案例。对于基于患者方法的预测者，成功的案例主要围绕像良性前列腺增生和艾滋病这样的疾病，良性前列腺增生症（BPH）是一种影响男性健康的疾病，患者通常年龄较大。尸体解剖流行病学研究表明，65岁以上的男性中，前列腺增生的患病率高达95%。然而，治疗良性前列腺增生的男性数量明显偏低。随着新诊断技术的出现，医生能够监测与良性前列腺增生有关的酶，并能对患者做出早期诊断。诊断率的提高导致了市场的扩大。

艾滋病也出现过类似的案例。随着新的艾滋病毒诊断工具的出现（特别是基于聚合酶链式反应的诊断工具灵敏性的增强），艾滋病毒携带水平较低的患者得以被及早发现并接受治疗。这也再次证明，使用诊断工具能起到扩大市场的作用。

症状识别率的提升也会扩大市场规模。如乳腺癌和睾丸癌的自我检测、对可引起卒中的短暂性脑缺血症状的患者健康教育，持续胃灼热可能是胃肠道功能紊乱的症状等。

虽然上面的讨论仅限于两个例子：基于患者的预测模型和基于处方的预测模型，但类似的逻辑也适用于如治疗天数、治疗周期等数据。急性疾病在一年中可能有多次治疗机会，因此预测可能会用治疗阶段代替患者数量进行建模。偏头痛是这方面的例子，其中每位患者可能会在某一年内多次出现偏头痛症状。每个阶段都代表着接受治疗的机会，因此必须明确地包含在预测模型中。

患病率vs发病率模型

有两种方法可对与疾病有关的流行病学进行建模：患病率和发病率。这两种方法可参见图3.4。在基于患病率的模型里，用户关心的是特定年份的病例总数。这时不需要患者的病史。无论患者是在患病的第一年、第十年或十五年都没关系，因为治疗方案并不会发生显著变化。

在基于发病率的流行病学模型里，病史至关重要。选择什么药物治疗方案关系到患者的病史。相比之前有过治疗经验的患者，对刚被诊断出患有疾病的新患者在药物治疗方案的选择上要进行不同的对待。如果患者已接近治疗周期尾声，无论是治愈、缓解或死亡，治疗方案的选择也会不同。如果患者经历了各个病程，那可能需要使用基于发病率的模型，假如早期使用的药物决定疾病晚期治疗方案的选择，那么预测者必须使用基于发病率的模型。

患病率：某年某种疾病的总病例数
发病率：每年某种疾病新发生的病例人数

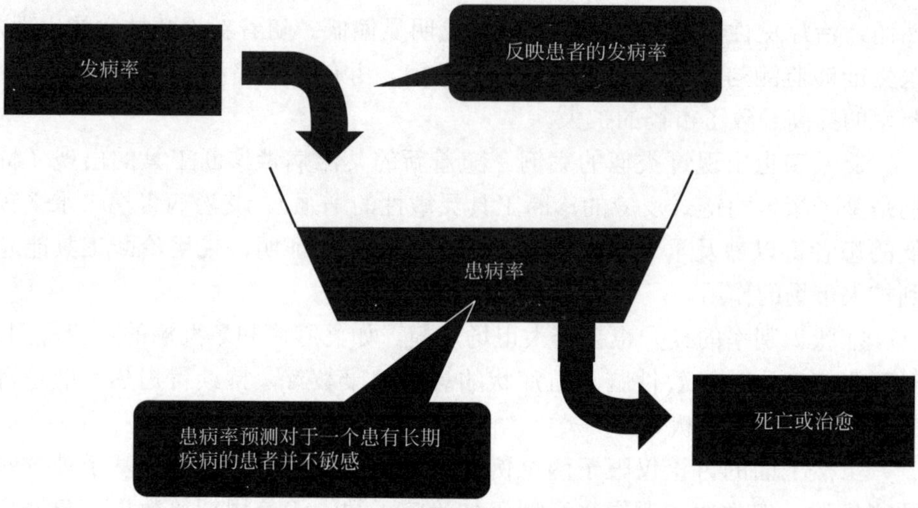

图3.4　基于患病率和发病率的流行病学

在实践中，两种类型的预测模型都有被采用的情况，但基于患病率的模型更易于创建和使用。这是因为基于发病率的模型必须要经过“记账”这道程序，以年度为基准来追踪患者和与每个患者群相关的治疗史会使预测模型的复杂性增加。比如，对有两个阶段的疾病进行五年期的预测为例，在预测模型的第五年，就有十个患者群需要分别“记账”，每个患者群都可能有不同的竞争性环境、药物、依从性、死亡率等。相反，在基于患病率的模式里最多会出现两个患者群，每个疾病阶段各有一个。遇到多年、多阶段的疾病时，预测模型的复杂性就会显著增加。

然而，当有需要时，我们仍可以构建基于发病率的模型。基于发病率的简单模型可在微软Excel这样的电子表格里构建，要构建复杂模型，则需要一套系统动力学软件包。好几个治疗领域需要用到基于发病率的模型：肿瘤、移植和艾滋病，因为随着患者经历不同病程或治疗方案，这些疾病领域里的药物疗法也发生改变，后续疗法的选择取决于患者对之前治疗的反应。由于制药公司试图更详尽地预测患者流量数据，中枢神经系统和心血管疾病也在逐渐使用基于发病率的模型。

基于患者的模型vs患者流量数据模型

图3.5对基于患者的模型与患者流量数据模型进行了概述。基于患者的模型最适合用于患者能被分配到不同治疗方案的市场，而且疗法选择和病情发展之间不存在相互依赖性。患者流量数据模型则更加动态，能体现特定疾病的病情进展之间的时间依赖性，以及不同治疗方案之间的相互依赖性。如果可以通过简单的决策树分析将患者分配到各个治疗方案中，那么基于患者的模型是合适的。不过，如果患者在不同治疗组之间循环，而且治疗方案的选择依赖于以前的治疗史，那么患者流量数据模型是最适用的。

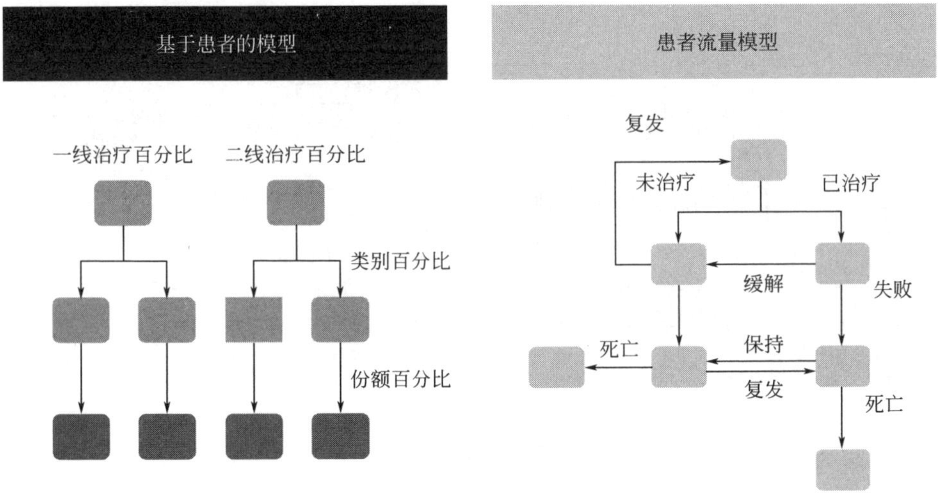

图3.5 基于患者的模型和患者流量模型

无法利用如微软Excel之类的线性思维程序构建患者流量数据模型，用电子表格软件来构建患者流量数据模型会出现循环引用错误，出现这种错误的原因是，疾病状态或治疗选择之间的患者流动情况在建模时会遇到闭合循环。患者流量数据模型最适合用系统动力学软件程序，如iThink、Vensim和Powersim来构建，利用系统动力学方法来构建预测模型的实例可参见图3.6（请注意，这仅是单纯说明性的例子：想获得更详细的患者流量数据模型的读者，请参考Paich等的著作，见参考书目）。在构建基于发病率的预测模型时，治疗方案间的相互依存性和患者流量数据间的时间依赖性使得系统动力学软件成了最佳选择。

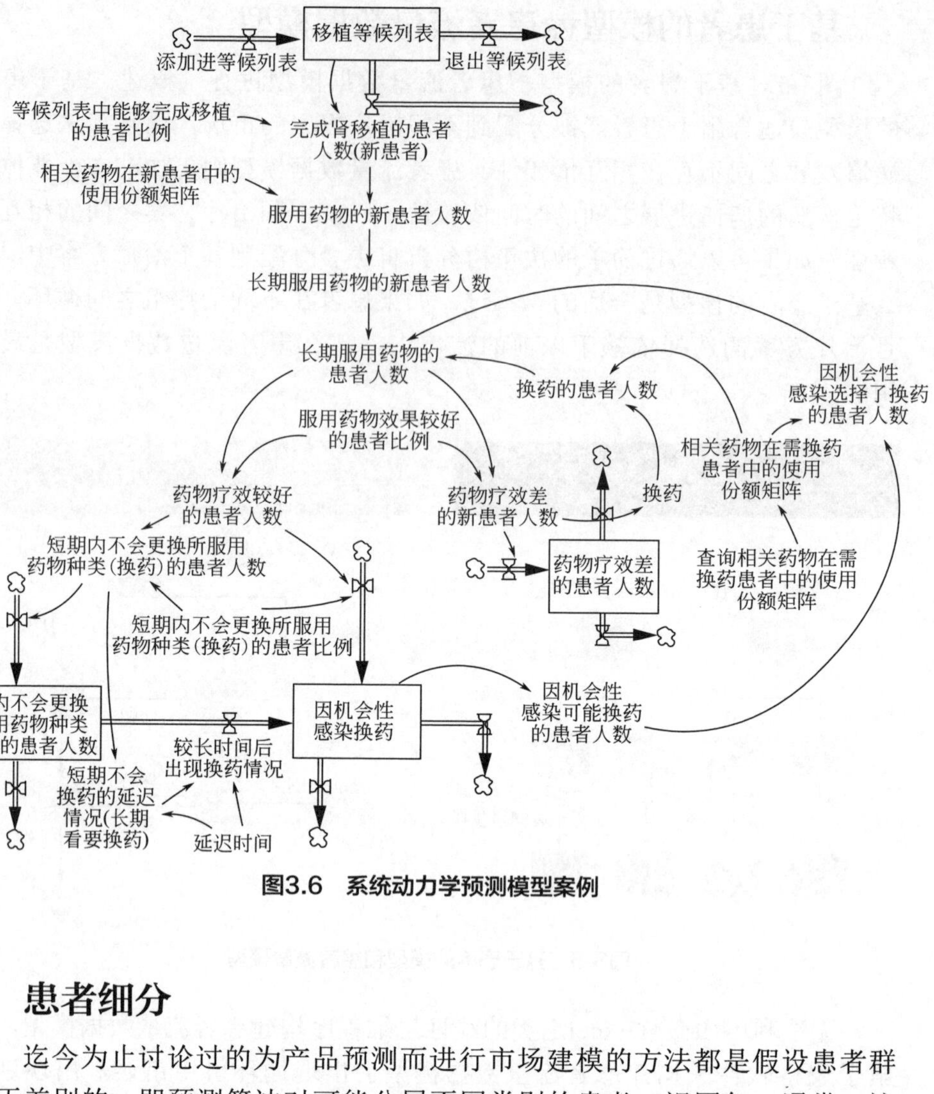

图3.6 系统动力学预测模型案例

患者细分

迄今为止讨论过的为产品预测而进行市场建模的方法都是假设患者群是无差别的，即预测算法对可能分属不同类别的患者一视同仁。通常，这种假设是无效的，而且预测者需要将患者群细分成各个类别，常见的细分模式包括按年龄、性别、种族、疾病的严重程度、疾病的分期等。较少见但同样有效的细分模式则包括按治疗患者的医生的特长、治疗场所、风险因素或地域等。在选择合适的细分模式时，并无绝对的标准，但用于预测的细分模式的选择应与使用预测模型时需解决的问题和策略相结合。

细分模式一旦确定（如图3.1所示），就必须根据细分模式修正预测算法。例如，如果患者被分为三个年龄组，那么预测流程中的人口数也必须被分成三个年龄组。图3.7展示了细分模式几个示例以及一些常规的细分指标。

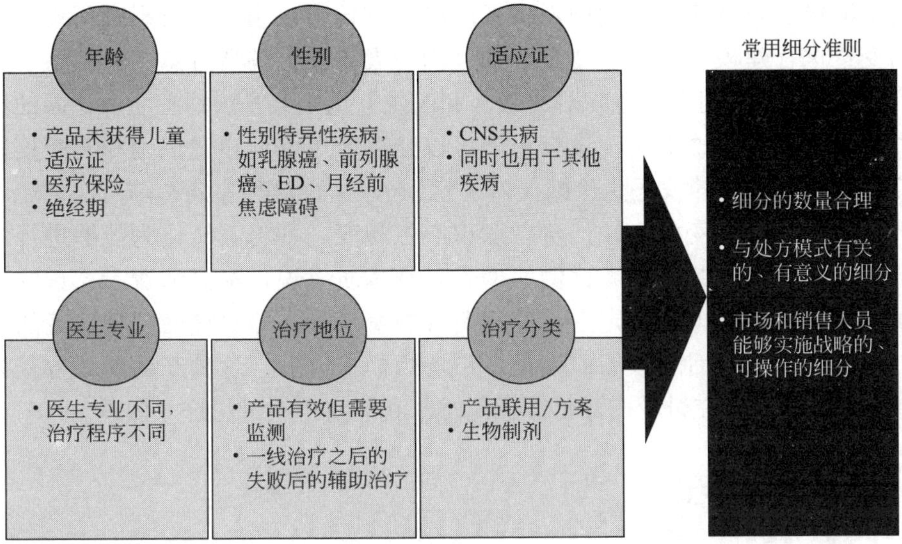

图3.7 患者细分示例

可以在预测流程中保留细分的状态，也可以在预测算法中的任一节点将这些细分状态再合并起来，无论是保留还是合并都应该能反映市场变动情况以及预测的目的。考虑到预测算法中细分变量的数量、细分部分的展开和折叠点数量，应该很容易想象到，患者流量数据几乎有无限可能种组合。预测者面临的最大挑战之一是决定合适的细分模式。由于细分是一种“上游”决策，会影响许多“下游”决策，细分模式的选择就成了预测模型构建中的极其重要的事项。

预测者必须注意的是，不要经不起诱惑而过于细分。在一个治疗领域对亚群做细分会是令人很有成就感的学术活动，却因为过于细分（通常很细的细分）导致收集的数据没有意义。预测者通常都会创建过于细分的预测算法。只有当某些细分领域所需的数据无法获取时，预测者才会去把很多细分领域合并。

建立消费者教育的市场影响的模型

近年来，无论是通过倡议性组织利用互联网等工具来传播信息，还是在美国这样的市场开展直接面向消费者的广告宣传活动，我们都可以看到消费者教育活动越来越多。这些教育活动的影响是多方面的，即影响新产品预测算法中所有三个部分中的变量（见图3.1）。在本节中，我们讨论消费者教育在市场上发挥的作用。

消费者教育和直接面向消费者的广告宣传可以用三个可影响假设条件的变量进行建模。这三个变量分别是消费者意识、消费者意图和消费者行为（见图3.8）。消费者意识对患者（和医生）识别某种疾病症状并诊断的能力起作用。从理论上讲，教育患者可以让患者更好地自我识别和判断疾病症状（或至少培养找医生诊断疾病的意识），结合这种疾病有药可医的患者教育工作，这种变化会让消费者意识产生转变，并将其转化为能够进行症状识别和自我诊断的患者比例的增长。从本质上说，提高消费者意识的变量能扩大市场规模。特定产品的消费者教育活动（即直接面向消费者的广告宣传活动）背后隐含的假设是，市场规模扩大后，这种产品的处方行为就会直接增多。在讨论产品份额预测时，我们将再次讨论这一假设。

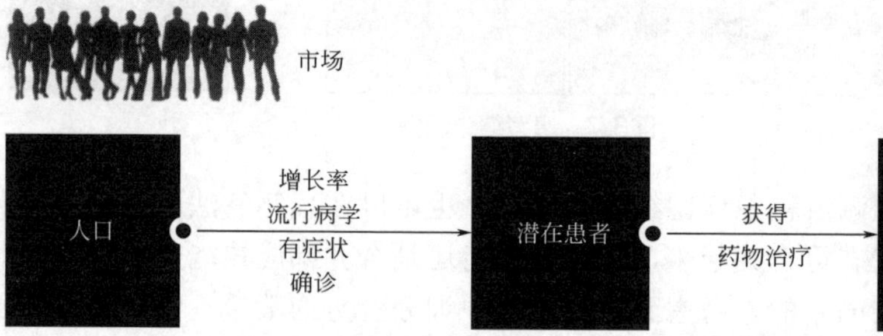

图3.8　消费者教育和直接面向消费者营销的作用

虽然一些变量可以增强消费者意识，但是消费者意图和消费者行动的变化决定了采取药物疗法的患者比例的变化，消费者一旦得知患有某种疾病，在开处方药之前，他们先得去医生或医疗机构那里看病。接受药物疗法的患者比例会随着想去看医生的意图和由此产生的实际行动而变动。在完美的情境下，知道自己可以选择药物治疗的所有消费者全部会去看医生并接受处方药。然而，在非完美行为情况下（合理假设），消费者意图和按意图行事的百分比都低于100%。

预测消费者意图和按此意图行事的意愿是预测者面临的重大挑战。有许多成熟且已公认的方法都可用于测量消费者意识，进行消费者教育和直接面向消费者进行广告宣传的所有值得信赖的供应商都保存有可以评估消费者意识变化的历史数据。在直接面向消费者进行广告宣传时，这些指标适用于所有类型的广告媒体，如纸媒、广播、电视等，且涵盖多种类型的消费者群体。

测度代表消费者意图和按此意图行事的意愿的变量挑战更大。典型的消费者研究通过询问消费者是否会按兴趣行事并去看医生来测量“消费者意图”变量，通过“消费者行为”变量，我们可知有多少这样的消费者真的按照所述的意图行事，并真的去看了医生。该变量无法通过消费者访谈（其中消费者已经展示了他们的意图）进行量化，相反，消费者行为的测度取决于对消费者行为的监测，有多少消费者真正按意图去看医生？与这两个变量有关的数据要求对消费者行为进行监测，以评估这些变量的影响。不过，在消费品的研究资料中有丰富的历史资料，但与看医生相关的文献较少。在为消费者教育对预测的影响进行建模时，预测者遇到的挑战是评估两个变量，即消费者意向和消费者行为（按此意图行事的意愿）。

联合用药和混合用药

在制药市场，联合用药和混合用药这两种情况会导致对市场流量基本预测算法进行修正。联合用药是指针对同一患者的同种病症，使用多种药物进行治疗，混合用药是指针对同一患者的不同病症，使用多种药物进行治疗。在这两种情况中，只有联合用药直接影响市场潜力的预测，混合用药对市场潜力的影响是间接的。

同市场上的患者数量相比，联合用药会导致某种药物的使用量被夸大。试想在一个有100名患者的市场里，如果每位患者只服用一种药，那么治疗期间的药物使用有100种可能，如果这个市场的100名患者中有20人同时接受两种药物治疗，那么药物使用就有120种可能（只用一种药的80名患者加上使用两种药的20名患者）。如果进行预测的产品只用于一线治疗（即作为第一位选择的处方药），那么药物使用有100种可能。如果进行预测的产品只用于二线治疗（即作为第二位选择的处方药），那么药物使用就有20种可能。如果进行预测的产品既能用于一线治疗，也能用于二线治疗，那么药物使用就有120种可能。在使用联合用药的市场，市场潜力的大小变化取决于对被预测产品的定位。对于预测者来说，这种产品定位问题成了预测结构的关键驱动因素。通常，某个治疗领域使用了联合用药疗法，且被预测的产品既能用于一线治疗，也能用于二线治疗，那么潜力市场就用患者的“等效对象”来预测，而不是直接用患者数量来预测。在上述例子中，100名患者就转化为120名等效对象。联合用药疗法在诸如肿瘤、糖尿病、艾滋病等治疗领域里，还有诸如抑郁症和躁郁症这些中枢神经系统（CNS）的适应证中很常见。

混合用药对潜在患者的预测的影响是间接的。混合用药也称为“服药负担”，可影响寻求药物治疗的患者比例。如果患者沉重的服药负担转变为沉重的成本负担，就可能选择放弃用于辅助治疗的药物。因此，如果服药负担（成本负担）太重，那么混合用药会降低患者对次要病症进行药物治疗的比例。

混合用药的第二个影响可能与担心不同药物间的相互作用有关。如果药物间可能存在副作用，那么医生和患者可能选择替代药物。这可能涉及治疗类别间的用药转换问题，其目的是避免任何可能出现的药物间副作用，或涉及放弃治疗方案中的一种药物，并用非药物治疗方式取而代之。

共病现象

共病现象是另一个用来修正产品市场潜力预测的指标。共病现象是指同一患者同时患有多种疾病，但是可用单一药物进行治疗，如图3.9所示。在该图中，单相抑郁症市场潜力的规模为20万名患者，广泛性焦虑症市场潜力的规模为10万，治疗两种疾病的单一药品的市场规模潜力为27万（两种独立适应证的总数减去同时患这两种病症的患者人数）。

例：
患有单相抑郁症的患者人数为200000。
患有广泛性焦虑症的患者人数为100000。
既患有单相抑郁症，又患有广泛性焦虑症的患者人数为30000。
那么患者中使用治疗两种适应证的药品的潜在人数是多少？

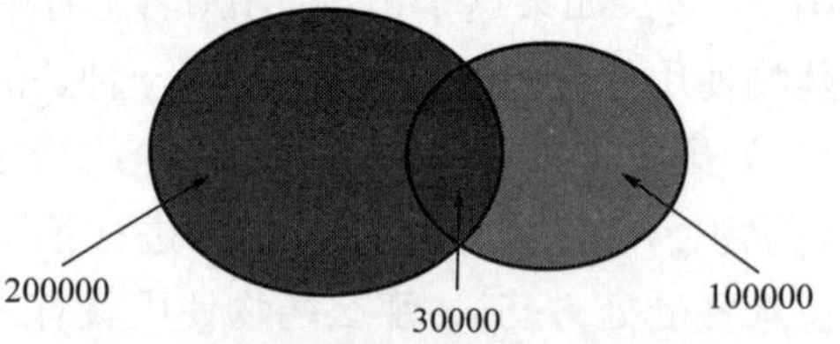

图3.9 共病现象对患者群计算的影响

共病现象可以在两处对预测的算法进行修正，算法开头（此时，共病患者被认为只患有两个潜在适应证中的一个）或算法末尾（此时，将产品预测结果是向下修正，以避免重复计算产品收入）。不推荐使用第一种方法，因为一些患者被忽略，从而导致预测的患者数量较少。因此我们推荐第二种方法，即从产品预测结果里减去重复计算的收入。

预测产品

市场潜力模型一旦构建好，预测者就可以着手计算使用预测产品治疗的潜在患者的数量。这就是所谓的患者份额、产品份额或市场份额，具体取决于对如何计算份额的定义。为了便于讨论，在这一章节，我们将使用患者份额这个说法。本节中呈现的算法中的各种要素对应了图3.1中的“产品”部分。

定义竞争框架

计算患者份额的首要步骤是确定与预测产品有竞争关系的合适的产品框架。对竞争产品列表的界定决定了随后章节中的份额算法如何构建的问题。与如何定义市场相似，界定竞争框架是预测者的一种判断行为，需要在简单性和复杂性之间做好平衡。

竞争框架内必须包括与该产品竞争的所有产品，并可以包含类别间和类别内的竞争。例如，对口服抗糖尿病药的预测可能只包括其他口服类药物，或者也包含非口服类胰岛素药物。对乳腺癌激素受体拮抗剂的预测可能只包括其他激素类药物，或者也包含经典化疗方法。对治疗类风湿关节炎的环氧化酶-2抑制剂类药物的预测，可能只包括环氧化酶-2抑制剂，或者也包含非甾类抗炎药。这样的例子不胜枚举，几乎涵盖可预测的所有治疗领域，这就很容易看到，在简单的（即单类别）和复杂的（即多类别）竞争框架之间出现需要权衡的情况，预测者有责任决定这个平衡点。让我们再回到第一章中讨论的原则，预测模型应该足够的复杂，以便能够对市场变动情况进行建模，但不能太复杂，以至于变成难以控制的、呆板的分析工具。

需要特别注意的是竞争框架选择与建立预测模型中的市场份额时对“用药物治疗的患者比例”的定义之间的相互关系，两个定义使用的假设条件必须一致。例如，如果一款产品的竞争框架被定义为生物学疗法，而不是小分子疗法（例如，类风湿关节炎），那么药物疗法的患者比例实际代表了生物学疗法的患者比例，而不是使用小分子药物的患者比例。竞争框架中的定义必须和用于定义药物治疗人数的概念完全匹配。

同样需要特别注意的是，非药物竞争对手，如运动和饮食、生活方式的改变、替代药物、外科手术干预和观察等待等，并不包括在竞争框架里。接受这些疗法的患者已被排除药物治疗变量的竞争框架之外。

预测患者份额

预测那些会接受我们的产品而不是竞争产品的患者份额是预测模型的

核心。和预测时拥有多种选择一样，建模者在选择份额预测方法时要面临简单性与复杂性之间的平衡问题。图3.10展示了份额预测时使用的方法，以及他们在用户友好性和模型复杂性之间所处的位置。

图3.10 产品份额预测方法

用户输入份额法

最简单也最人性化的份额预测方法是用户输入份额法。在这种方法中，预测者输入所有竞争产品的估计份额。这些份额可以每月、每季度或每年为单位，或以任何与模型设计一致的时间单位。该方法非常简单，无需复杂的计算程序，而且产品抢占市场的速度（即产品通过赢得患者而获得市场份额）已隐含在用户输入的份额中。

用户输入法的难点在于，用于构建患者份额的逻辑线索和思维模式可能不是很透明或不是很容易被记录到模型里，用户是如何做出与患者份额有关的决定往往不得而知，用户的思路可能很广，且依赖其已知的市场调研数据；或者用户基于此前在同类市场中获得的同类产品的经验来获得患者份额；又或者预测者可能已输入的数字刚好符合企业的“预期”，因此会充满偏倚。除非能抓住这些逻辑链，并记录在预测模型里，否则用户输入法就显得不透明且可靠性差。

峰值份额及达到峰值份额所需时间

第二种份额方法被称为“峰值份额及达到峰值份额所需时间”。用这种方法时，用户输入两个参数，即被预测产品的峰值份额和达到该预测峰值份额所需的时间。这种方法比简单的用户输入份额法略微复杂一些，因为在使用这种方法生产患者份额时，用户需要将产生患者份额的静态值（峰值份额）和动态值（达到峰值份额所需时间）分开。

与用户输入份额法一样，这种方法同样也存在透明度和可靠性方面的弱点，在估计峰值份额时也会出现同样的争论，如果用户使用的逻辑链不明确或未加记录，那么就很难或者说不可能判断相关份额假设正确与否。

关于达到峰值份额所需时间的假设缺乏透明度甚至更危险。用于确定新产品抢占市场速度的曲线形状（采用曲线或渗透率）的假设对预测本身有显著而直接的影响。正如我们将在后续内容中看到的采用曲线一样，对预测者来说最大的挑战之一就是预测该采用曲线的形状，许多峰值份额和达到峰值份额所需时间要么预先选好采用曲线的形状，要么只允许用户从有限的采用曲线集合中做选择，在采用曲线形成过程中，这种限制达到峰值份额所需时间的做法会有碍于采用曲线的真实性，能突破这种限制并能对采用曲线做出不同评估的模型可以避免这些限制和上述负面评价。

属性方法

预测产品份额的第三种也是最复杂的方法是基于产品的属性、市场对这些属性的认知以及它们在处方医生心里的重要性。属性方法有很多种，如属性得分和权重、联合分析、偏好份额法、离散选择模型、效用函数模型等，每种方法都是类似理论基础在实践中的不同应用。让我们先来看这些方法背后的理论基础，然后讨论它们的实际应用。

属性方法的理论基础如图3.11所示。在这种份额预测方法中，产品用途是以产品属性和产品在处方决策中的重要性为变量的函数，处方决策中使用的属性具有治疗特异性，但通常包括疗效和安全性，有一些市场对给药时间和剂量、产品包装形式等也很敏感，在许多市场里，疗效分为针对基础疾病的疗效和针对症状的疗效。安全性可分为耐受性、副作用和其他安全性担忧，如轻微副作用，再如中性粒细胞减少症及对肝功能的影响等。预测时，选择哪些属性建模由被研究的治疗领域决定。

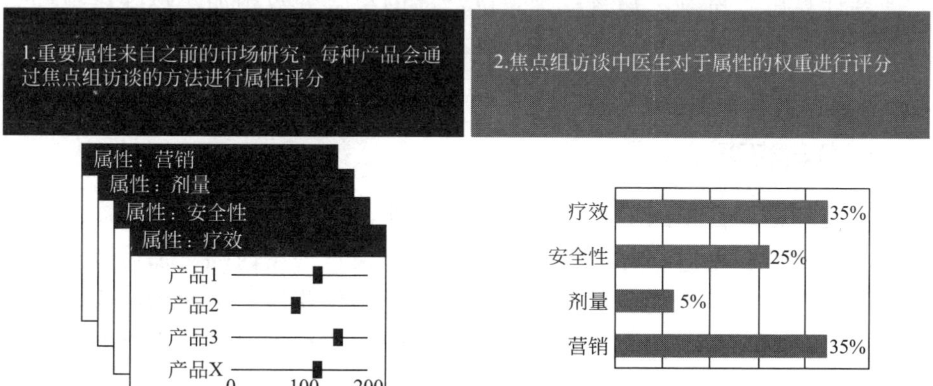

图3.11 计算份额的属性方法

一旦确定属性的列表，预测者必须针对相互关联的产品每个属性进行排序。这可以像给这些产品评分那样简单（如按数字大小排），也可以很复杂，就像在一般的市场调研时，受访者对产品评价的排序一样。

当产品排序完成后，预测者就会对每个属性内的产品认知有了相对了解。接下来，这些属性必须联系起来以反映其在处方决定中的重要性，大致上，它通过赋予每个属性相应的权重来反映其重要性。例如，假如在决定处方时认为，疗效比安全性更重要，那么疗效的权重可能为75%，而安全性为25%。这个权重反映的是处方医生认为疗效比安全性重要3倍。

举例见表3.2，其中对3款产品的属性进行评分。疗效的得分从1分至10分，其中10分代表疾病已治愈，而1分代表没有疗效。安全性也与此类似，10分代表类似安慰剂的副作用（无副作用），而1分表示安全性问题很严重，产品将终止使用。

表3.2 基于评分和权重法的份额计算

产品	疗效得分	安全性得分	疗效权重	安全性权重	加权后的疗效得分	加权后的安全性得分	综合得分	份额
A	10	4			7.5	1.0	8.5	45%
B	6	2			4.5	0.5	5.0	26%
C	4	10			3.0	2.5	5.5	29%
市场			75%	25%			19.0	100%

计算加权后的疗效和安全性得分，主要取决于市场里每个属性的权重。例如在表3.2中，产品A的加权后的疗效得分是10乘以75%，得分为7.5。加权后的安全性得分是4乘以25%，得到加权后的安全性得分为1.0。计算产品B和C的综合得分也与此类似。

要计算患者份额，那么就把每款产品的综合分数相加，再除以市场总的综合得分。在表3.2中，产品A的患者份额是45%，它是8.5除以市场综合得分19.0的结果。产品B和C的计算也与此类似。

评分与权重

上述理论最简单的应用就是，由一组非常了解产品和市场动态的专家对产品和属性分别进行评分和权重评分，如果是公司内部，那可以通过临床小组成员或由咨询委员会的医生来完成。要想获得更全面的结果，预测者可通过独立医生群体或定量性的市场调研来获得份额计算中必要的分数和权重。

但是，预测者在选择如何收集数据时，必须考虑一些实际问题。

评分的偏倚

首先要考虑的是偏倚，第1章已经讨论了它的两种形式：有意偏倚和无意偏倚。在有意偏倚情况下，被调查者会根据他们事先在脑海里已形成的结论高估或低估产品的得分和权重，在这种情况下，预测者必须协助改进评分，并探究打分的基本逻辑，如果逻辑出现偏倚，预测者必须尽量消除这些偏倚，无论是直接怀疑分数，还是从其他数据源核实这些得分和权重。

无意偏倚比较难纠正，偏倚是由决策者在信息不完整的情况下做决定造成的，评估者可能只知道临床试验数据的一个子集，或者可能在计算得分和权重时，与可信的数据相比，可能更重视市场中的非正式数据；也可能对表述不完整的目标产品做出了反应。在这种情况下，预测者必须确保所有信息都是最新的且计算得分和权重的人都能获取这些信息，这样才能消除偏倚。

关于无意识偏倚的第一个例子是锚定偏倚，第一个实验要求受试者估算以下两个数列各自的乘积，一个是降序数列8×7×6×5×4× 3×2×1，另一个是升序数列1×2×3×4×5×6×7×8。根据乘法交换律，这两个数列乘积相同，乘数的顺序并不会影响结果。然而，看到降序数列的受试者得出的结果预计数中间值是2250，那些看到升序数列的受试者给出的预测结果中位数是512。受试者倾向于关注最先呈现给他们的信息，并因此产生偏倚。这种偏倚在药品市场调研中表现为最先呈现给受试者的数据会影响他的回答。有趣的是，上面数列乘积的正确答案是40320，两组给出的答案都不准确且与正确答案差距很大。

在同一个调查机构进行的另外一项实验中，呈现给受试者的内容如图3.12所示，受试者需要在每种情境下选择一个自己偏好的方案。从纯数学计算角度看，两个题实际上完全相同，在所有情况下，都是200人被救，600人死亡。

> 想象一个情境，美国将要面对一场罕见的疾病的暴发，这种疾病会导致600人死亡。有两个可选方案可供选择来应对这种疾病。假设准确的科学预测显示两种方案的实施结果如下：
>
> 情境一
>
> 如果执行方案a，可以救活200人
>
> 如果执行方案b，有1/3的概率可以救活全部的600人，但是有2/3的概率一个人也救不活。
>
> 你会选择哪个方案？
>
> 情境二
>
> 如果执行方案c，会死400人。
>
> 如果执行方案d，有1/3的概率没有人会死，但是有2/3的概率600人全部会死。
>
> 你会选择哪个方案？

图3.12 设计问题情境

从受试者表现看，在情境一中更偏好方案a（选择a占72%），在情境二中更偏好方案d（选择d占78%）。由于受试者更喜欢措辞上更积极的问题，问题的设计导致结果出现了偏倚。在药品市场调研工作中，问题的措辞会影响受试者的答案。市场调研公司纠正这种偏倚的典型手段是在正式的实施调研前先通过调查问卷的形式进行预测试，如有必要，改变问题的表达方式。

市场调研中的最后一种无意识偏倚的例子是F测试。对下面句子里出现的字母f进行计数，“finished files are the result of years of scientific study combined with the experience of years”，多数人会回答3个，虽然正确的答案是6个。受试者倾向于忽略of里面的字母f，因为发音上更接近字母v，或者由于在快速阅读中，头脑更关注有文意的字母，不太关注语法上的字母。那么，这种现象在药品市场调查中是如何展现的呢？当受试者看到一些跟文意无关的字眼信息时，会忽略它们，而不会参考它们来做决定。

分值范围的选择

在收集产品得分数据时，另外一个需要考虑的要素是如何选择评分的分值范围。评分目的是给彼此相关的产品赋予某种特定属性。尽管这种相对评价的结果非常重要，但给产品评分的受访者还是需要提供一个分值范围。如果没有定义和固定分值范围，就不可能从不同的受访者那里得到准确回应，并将结果整合到市场的评价中。按10分制评分时，一位打8分的受访者对产品的认知必须和评分相似的第二位受访者的认知相等。这必须在给产品评分前，通过定义分值范围来实现。以疗效变量为例，就是指将高分定义为疾病治愈或症状完全缓解，或在治愈是不可能的情况下，生理机能恢复了20%。这种对分值范围的定义取决于治疗领域、属性以及受访者对病情的认知。只要对分值概念的理解一致，且得到了提供评分数据的受访者的首肯，那任何定义都可以拿来用。

区间尺度的选择

在给产品评分时，第三个要考虑的是如何选择区间尺度。在上述讨论中，前面我们已经讨论了分值范围的两个端值，但区间尺度如何把握？评分的双倍差异是否表明了对产品属性认知的差异也是两倍？或者说，它表明的是认知上细微的变化还是显著的变化？这些就是由选择区间尺度来解决的问题。图3.13展示了一些可用于产品评分的不同区间尺度。因为能够把对市场的认知转化为对产品的差异排序，所以区间尺度的选择对评分就至关重要。预测者面临的挑战是在这些区间尺度中确定哪个区间尺度适用于将被预测的治疗领域。

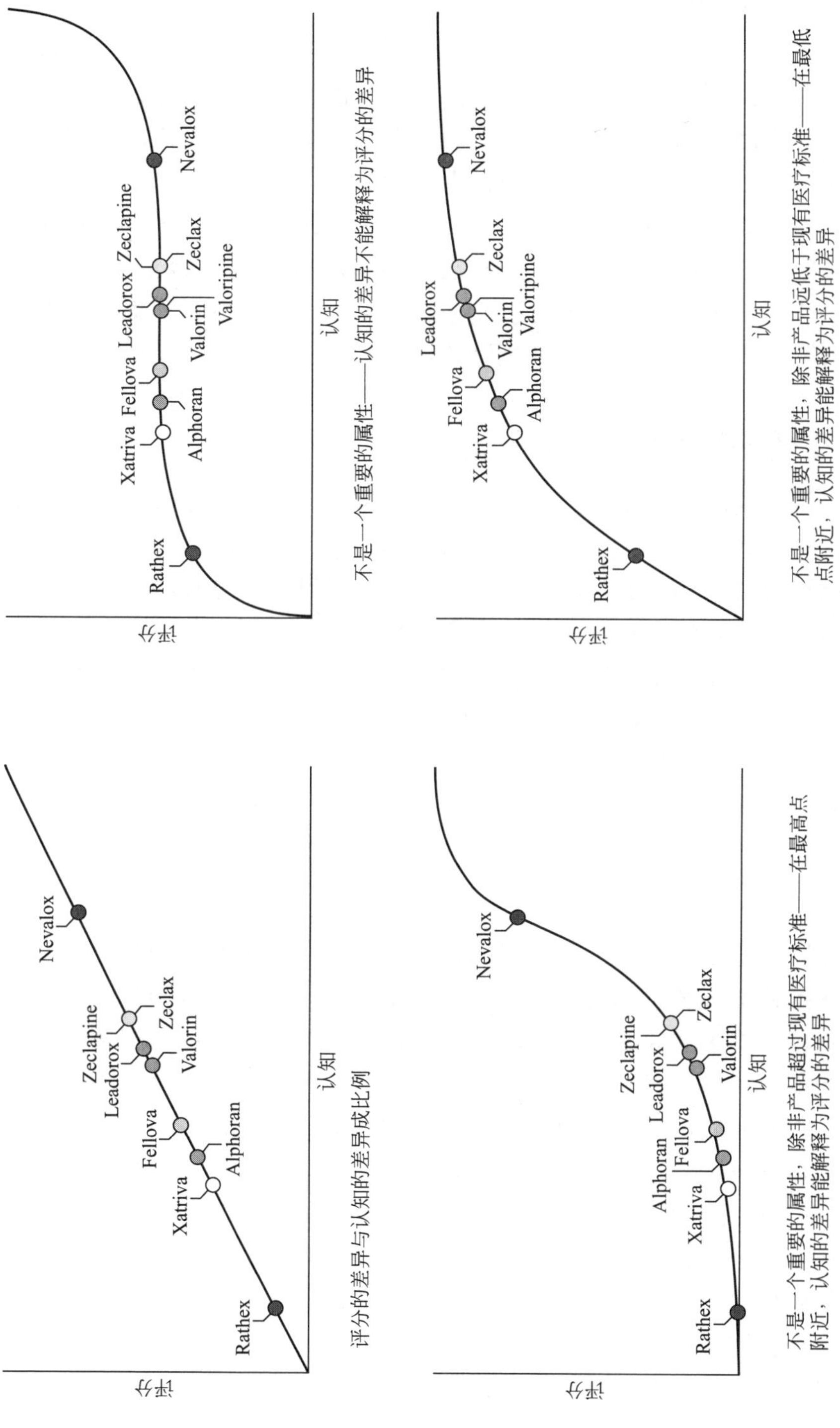

图3.13 属性评分方法的范围

应答的不确定性

评分时，第四个需要考虑的要素和应答的不确定性相关。正如第1章讨论的那样，预测本身就存在不确定性，我们需要了解它，并告知预测的最终用户。产品认知（评分）中的不确定性就属于这个建模需求。预测方法中得出的评分用来对处方医生的行为进行建模。同理，这些分数代表了处方医生对产品的认知。如果认知与现实偏离，预测者必须确保预测模型能体现这些认知。有一种方法可以体现产品在评分过程中出现的不同认知，那就是去确定与每个产品相关的潜在分数范围。一旦分数范围确定，我们就可以用第1章所讨论的模拟方法把分数输入预测算法。

认知随着时间发生的变化

下一个讨论的是产品认知随时间发生变化，本质上是随着产品认知发生变化而得分也随时间的推移发生改变。和预测模型中的其他变量类似，允许产品得分随时间而变化，就可以解决这个问题，不过预测者要能区分出产品的得分的变化是因为评分随时间变化导致的还是权重的变化导致的。例如，如果对产品的安全性认知随时间变化，那么与安全性相关的产品评分也将随之发生变化，如果对于处方医生而言，随着时间推移，安全性变得越来越重要或不重要，那么安全属性的权重也将随之改变，但与单个产品相关的评分不会改变。

营销变量

属性评分方法中第六个要考虑的是分配给营销变量的评分和权重，这些变量包括公司声誉、销售能力、营销方案、临床学术出版物等。在之前的讨论中，我们关注的是产品的临床属性，如疗效和安全性。但是与上述描述过的那些属性类似，商业属性也会导致开处方行为的变化。预测者必须了解这些商业属性对处方决定的影响，并建立合适的模型，由于商业属性的影响很难测量，这就构成了一个挑战，通常来说，直接测量不是可能的。当被问及，绝大多数医生会低估营销行为对处方决定的影响，并会给这些商业因素一个较低的权重，然而，在许多市场中，明显可以观察到处方行为的变化和营销行为的变化是相互关联的，这些变化必须用评分和权重对其进行建模。通常而言，通过对被预测的治疗领域内的行为的间接分析，我们可以确定营销属性的评分和权重。

权重确定方法

在属性评分方法里，最后一个需要考虑的因素与如何确定权重有关。大致上，属性权重适用于市场上的所有产品，这种思想背后的逻辑是：产品属性用于处方决策，做产品处方决策时，处方医生会根据大脑里的属性来对产品进行评估。根据这种逻辑，用来构建市场模型的权重同样可以应用到市场里的其他所有产品。市场动态虽时间推移而发生的变化，如越来越重视安全性，会通过增加相应属性的重要性的方式反映在预测模型里。更精细的建模方法是考虑产品的特殊权重，而不仅依从单一的市场权重。在这种精细化的角度下，一般认为医生处方决策时会从产品属性组合方面独立地评价每种产品。例如，在这一框架下，对安全性比较敏感的市场，更关注安全性较差的产品的注安全性，相比于安全性较好的产品，医生在做出处方决策时会给予安全性差的产品更多的安全性方面的权重，安全性较差的产品会"胜出"（在对安全性敏感的治疗领域，安全性较差的产品获得更大的安全性方面的权重）。对属性评分方法中的其他属性也可以做出类似的表述。虽然从分析角度来看，这种对产品的特殊权重的精细化考虑是正确的，但常常会妨碍它在常规预测模型里的使用。

表3.3总结了各类份额估算方法及其优缺点总结。

表3.3　对不同份额预测方法的评价

方法	优点	缺点
用户输入	● 灵活快捷； ● 构建模型简单	● 获得份额的逻辑不清晰； ● 可靠性取决于用户文档； ● 在单一预测输入数据中峰值份额与渗透状态有关系
峰值份额与达到峰值份额所需的时间	● 将峰值份额从渗透的变动情况中分离开来； ● 构建模型简单	● 获得份额的逻辑不清晰； ● 可靠性取决于用户文档； ● 渗透曲线的形状很关键，通常不够灵活
属性评分和权重	● 视份额为产品属性的应变量； ● 将处方决策中的产品属性细分； ● 认同产品认知图； ● 基于产品属性的预测是可靠的	● 结果取决于输入数据的完整性，偏倚会影响结果； ● 数据收集费用和时间成本都很高

产品渗透

在用户输入份额法中，峰值份额和达到峰值所需的时间的变动情况形成了一个单一假设。在其他方法里，这两个变动情况的模型是分别构建的。本节探讨产品渗透的理论和应用。正如份额预测方法一样，我们先介绍产品渗透的理论依据，然后讨论理论的实际应用。

产品渗透有很多叫法，如采用曲线、渗透模型、产品扩散、传播曲线等。它们都代表产品在市场上测试到使用所需的时间。随着使用产品的个人越来越多，产品的市场渗透率也随之增长，且会一直持续到所有潜在用户都已经尝试过该产品为止，到达这一点，就可以说产品已经被市场100%采用了。

虽然采用曲线理论始终存在于市场动态变化当中，但它直到20世纪60年代初才出现在文献当中。1962年，罗杰斯在产品扩散方面出版了一本开创性的著作❶。在这本书中，作者描述了与新产品潜在用户相关的分布状况，如图3.14所示。在这个例子中，一小批人在产品首次面市时就开始使用该新产品，即第一个吃螃蟹的“创新采用者”，跟在第一批用户后面的是“早期采用者”和“早期大众”。在渗透过程后期，“晚期大众”开始使用该产品，最后出现的是“落后的购买者”。一旦所有的落后的购买者都已尝试该产品，就没有更多的潜在用户了，产品也将在市场上被全面采用，并达到峰值份额。

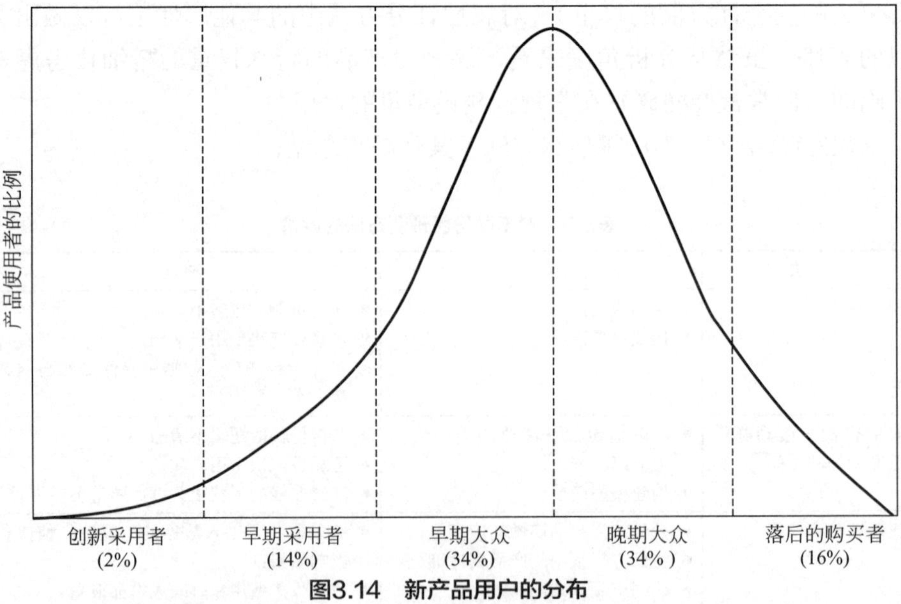

图3.14 新产品用户的分布

通过这个例子，我们可以把产品的用户数量转化为这些用户带来的收入，如图3.15所示。正是这种将随时间变化的各种新用户变为收入的转化，才产生了图3.15中的S形采用曲线。该曲线也称为巴斯扩散模型、冈波茨曲线或“1型”曲线。

❶ E. M.罗杰斯，新的扩散，纽约：自由出版社，1962。

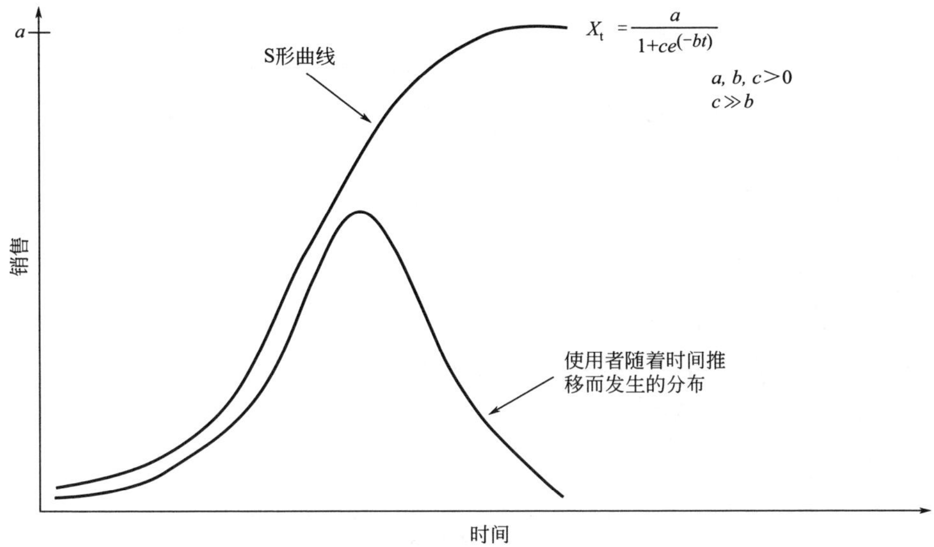

图3.15 将用户转化为产品收入

如果我们能够压缩渗透所需要的时间，又会怎样呢？如果用户渗透产品的速度更快，也就是产品使用和渗透所需要的时间减少，采用曲线就会如图3.16所示。这种采用曲线被称为快速渗透曲线或“2型”曲线。相反，如果用户渗透产品的时间延长，那么产品在市场上被渗透的速度就更慢，也就产生了图3.17所示的采用曲线。这种曲线又被称为缓慢渗透曲线。

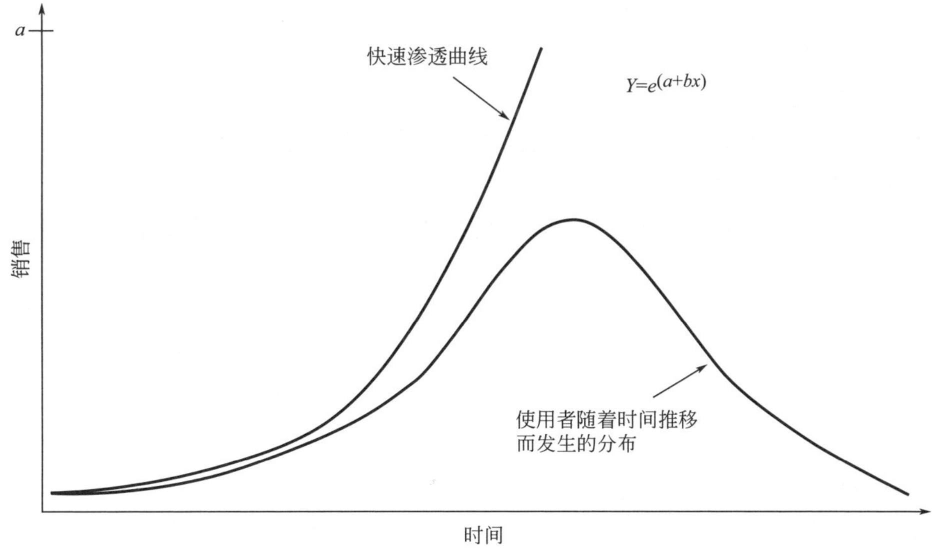

图3.16 压缩采用时间产生快速渗透曲线

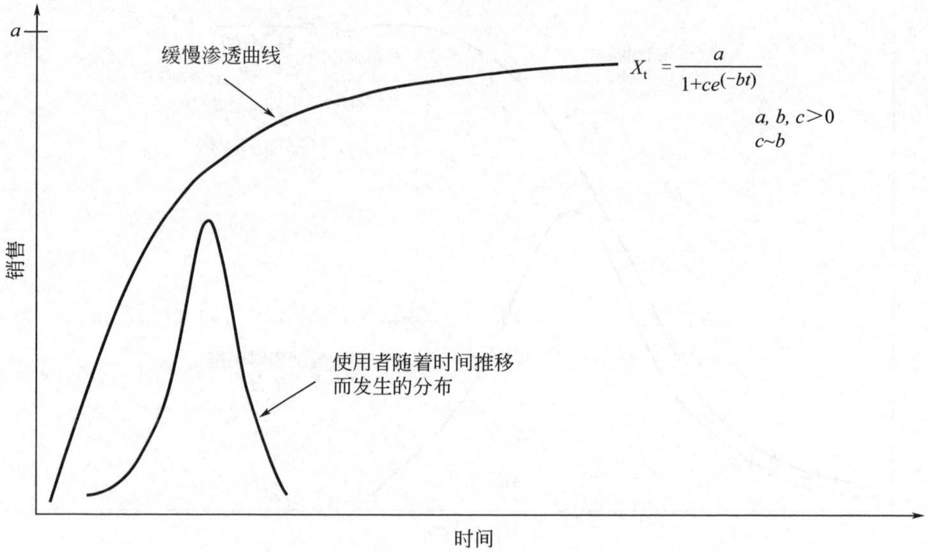

图3.17 延长采用时间产生缓慢渗透曲线

用于描述这三类采用曲线的数学方程式存在一些差异，我们非常有必要注意到这些区别。S形曲线（“1型曲线”）和快速渗透曲线（“2型曲线”）的数学形式相同，只是方程式中的常数不同（如图3.15和图3.16所示）。另一方面，缓慢渗透曲线在采纳早期年份中的数学形式与其他两个类型是不同的。在为采用曲线建模时，许多程序只允许使用“1型曲线”或“2型曲线”，因为软件是基于单一的数学表达式的。在讨论峰值份额与达到峰值份额所需时间的方法时，我们提到过与此相关的风险，即不允许采用曲线的形式太灵活。在本质上说，由于预测软件程序只允许使用“1型曲线”或“2型曲线”，因此缺乏灵活性。预测者需要注意到这种限制，并在选择峰值算法时深入研究。

大多数医药产品的理想采用曲线是快速渗透曲线。许多营销策略都是针对如何加速产品渗透从而产生快速渗透曲线的。比较经典的方法是，将一批潜在的处方医生按照采用周期的行为进行细分，也就是快速渗透者、早期大众、晚期大众和落伍者。在适当的时间，将营销信息锁定到适当的小群体，就会提高营销信息的效率，产生快速渗透的效果。例如，在产品生命周期的启动阶段就把目标锁定在早期试用者身上，相比锁定落伍者会更有成效。类似地，如果产品处在生命周期的晚期，那么在市场营销时将目标锁定早期试用者就是在做无用功，因为处方医生已经在使用该产品了。将医生进行细分并有针对性的提高营销信息的效果，这一理念已经迅速成为医药行业的行为标准。

监管机构的批准日期

与产品渗透过程启动有关的要素包括：监管部门的批准日期、上市日期、产品发布、医保报销情况、医生可以为这种产品开处方的能力，以及患者可以按照处方能买到药的能力。这些要素很少能够同步以至于采用曲线起始于某一具体的日期，产品一旦得到监管部门的批准，需要一段时间来给分销商补库存，以及让市场知道产品已经可供销售。经销渠道一旦可以获得产品，那么处方医生需要学会如何为产品开处方，通常，这与处方集和国家医保报销目录的审批程序有关，在许多国家，生产商需要与价格主管部门协商价格，然后医生可以在处方集中开这种产品。所有这些活动都需要时间，因此会影响产品初始的市场渗透速度。预测产品时，预测者必须把所有这些变动因素纳入采用曲线中。

采用曲线还必须和市场建模时使用的细分模式保持一致。如果在份额生成的过程中，这种细分模式固定下来了，那么在创建采用曲线时，相关类别也必须保留下来。在某些情况下，如果细分市场中有不同的渗透模式，那么应该在设计算法阶段就引入这种细分方法。例如，在预测加拿大市场时，采用曲线需按省份设计，因为不同的省份对处方集的接受程度不同。

采用曲线理论

采用曲线理论已经非常成熟，并已在众多非医药产品中得到证明，如手机、蒸汽电熨斗、杂交玉米等。不幸的是，对于医药预测者而言，很少有产品符合医药市场的理论。出现这种情况的原因有很多，处方的变动原因很复杂，其中初始决策者（医生）、中间决策者（通常是付款人）和最终决策者（患者）都会影响产品的最终消费。医药产品对市场竞争也很敏感，没有竞争对手的产品，其采用曲线与有市场竞争对手的产品是不一样的。而且，产品的具体表现只有在产品上市之后才能发现。例如，产品上市后如果被发现存在安全问题会明显影响销量，甚至逆转产品渗透模式的上升趋势。

最后，医药产品对市场推广和各种市场营销计划的运用很敏感。就像此前所讨论的那样，诸如对处方医生进行细分和定位的计划都会影响产品渗透。但是，预测影响的程度是一项困难的工作，由于市场的复杂性，通过设置对照组来评估推广效果是非常困难的。如果这些困难综合在一起，预测者生成采用曲线就成了一项非常困难的工作。

参照物分析与选择

参照物分析是生成采用曲线的主要方法。在这种方法中，预测者寻找的产品的参照物都应是在预测前就已上市的。一旦确定合适的参照物，预测者就可以检验参照物的历史渗透模式，并将这种渗透模式运用到被预测的新产品中。

选择合适的参照物时，预测者必须进行多维度比较，如图3.18所示。预测者很难找到一个“完美”的而且复制所有市场变动情况的参照物。相反，预测者会发现一批潜在参照物，所有这些参照物和被预测的产品具备一定的共性。在此情况下，预测者需要理解每个参照物诉说的“故事”，并确定参照物的表现在多大程度内可以作为被预测产品的样板。

产品或市场动力		示例
市场性质	疾病性质	急性或慢性，有无症状，广泛认可的疾病，不经常确诊，不经常治疗
	治疗性质	有很多治疗方案可以选择，几乎没有治疗方案可以选择
	竞争格局	竞争激烈，可替代性很强
商业环境	目标受众	大众或专家（意见领袖的影响）
	促销组合和促销水平	费用支出的质量和水平（范围、频率等）
	进入市场的次序	第一梯队、第二梯队、第三梯队、跟风者
	与现行治疗价格标准相比/医保覆盖	高溢价策略或低价策略 处方集状态
产品属性	产品商标/说明	一线疗法、二线疗法、难治性治疗
	产品创新	有独特的作用机制，跟风产品
	产品生命周期战略	生命周期延伸，新配方
	给药途径	口服，注射，输注
	给药频率	每日一次，每日两次，每日三次，一周一次，根据需要适量服用
	副作用/安全性	药物相互作用、常见反应/不良反应、妊娠禁用

图3.18 选择产品的参照物的标准

为产品渗透模型预测选择合适的参照物困难程度和渗透模式在预测中的重要性（特别是在最初几年）使得这个变量（参照物）成为预测模型中显著的变量之一。其实，错误的预测常常是由于对这个变量的错误假设造成的。正如第2章所讨论的那样，如果某些变量对结果有显著影响，且变量本身有很大的不确定性，那么首选的建模系统是将被预测产品的特性映射到一系列的可参照产品上，如图3.19所示，根据这个表格内容，预测者可以依据不同的采用曲线创建一系列情境预测模型，这样，预测者和预测最终用户双方都能评估有关产品预测的渗透效果，并且能清晰地呈现由于参照物不完美而造成的不确定性。

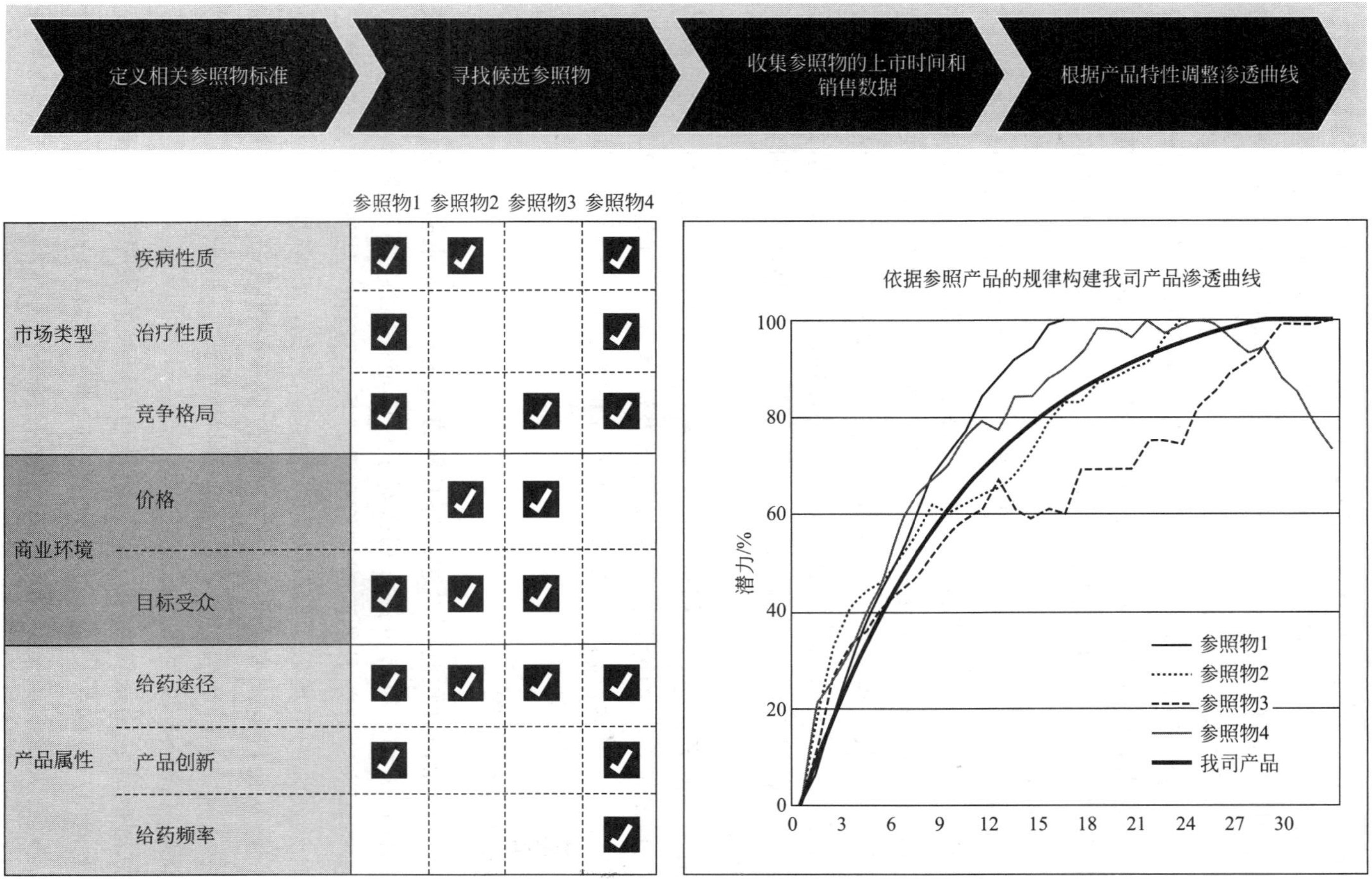
定义相关参照物标准
寻找候选参照物
收集参照物的上市时间和销售数据
根据产品特性调整渗透曲线
参照物1 参照物2 参照物3 参照物4
市场类型
疾病性质
治疗性质
竞争格局
商业环境
价格
目标受众
产品属性
给药途径
产品创新
给药频率
依据参照产品的规律构建我司产品渗透曲线
潜力/%
100
80
60
40
20
0
0 3 6 9 12 15 18 21 24 27 30
参照物1
参照物2
参照物3
参照物4
我司产品

图3.19 参照物映射图

自相蚕食

在新产品预测算法的份额预测部分，最后一个变动情况是自相蚕食，是指患者在同一种产品的两个不同配方之间的转换，通常是一种用于已上市产品的同类延伸产品的策略。当出现这种转换时，第二款产品就会蚕食第一款产品的市场份额。

自相蚕食有很多益处。从治疗角度看，新配方的引入可以增强产品疗效，例如为患者引进效期更长的活性治疗成分。新的剂量可以提高依从性，比如用每日一次用药的产品取代目前每日三次的产品。引进新产品的目的，就是为了满足这一需求。

生产商还可以把同类延伸产品视作其产品生命周期策略的一部分。在这种情况下，同类延伸产品可以通过提高定价、延长专利保护或独家营销权等方式为生产商带来好处。如果同类延伸产品只对生产商有好处，对患者没有任何疗效，就会产生一些市场风险，比如市场会对新产品持怀疑态度，还可能出现公共政策问题。如果同类延伸产品的确既给患者带来了治疗上的益处，又给生产商带来经济效益，那么，产品渗透预测会和产品销量变化保持一致。

对于预测者而言，自相蚕食可分成两种变动情况：被动和主动。被动自相蚕食是指在市场份额仅凭市场对同类延伸产品的属性的自然反应的进行重新分配。主动自相蚕食是指经过企业的推广后，产品的市场份额从旧配方到新配方的转换行为。

被动自相蚕食

被动自相蚕食预测可以通过好几种方式进行。如果基本预测的模型使用了属性评分和权重评分法，那么对于被选定且属性已变化的新配方而言，新份额可作为评分差异的函数进行预测。同类延伸产品新的得分可依据已经变化的属性的市场权重转化为市场份额。例如，在重视剂量方案的市场上，剂量从每日两次变为每日一次后，改变后的剂量产品将获得更多的市场份额（假设每日一次的剂量是首选的剂量形式），其依据于市场对剂量减少的认知（评分）以及在意程度（权重）。

预测被动自相蚕食的第二种方法是利用产品的参照物。检查其他产品的同类延伸产品的历史数据作为预测的基础。例如，心血管市场引入缓释剂配方就有大量的历史数据，利用产品的参照物将有助于预测引入的新配方后的产品市场销售情况。

主动自相蚕食

主动自相蚕食预测更加困难。份额之间的转换程度通常是生产商市场营销行为的结果，正是生产商主导了这种转换行为。主动蚕食的效果依赖于生产商的营销资源和营销信息的有效性。主动自相蚕食的最极端形式是：生产商在推出同类延伸产品后，就立即从市场上撤回现有配方。这实际上是迫使市场把旧配方换成新配方。正如上面提到的那样，如果向市场推广新产品纯粹是出于企业的财务方面的考虑，且此意图非常明显，那么撤回现有配方会在公共政策方面产生重要的影响。

将患者转化成收入

与产品有关的患者数量一旦确定，预测者必须将这些患者转化为销量、处方量、收入和净利润预测（参见图3.1）。这些转换要素首先通过一系列剂量、依从性、坚持度及价格相关的假设（参见图3.20），将患者转换为销量。

如果产品的剂量形式多样，预测者此时必须运用产品组合假设。例如，如果市场上有两种配方，如50毫克和100毫克，预测者必须先确定使用每种配方的患者数量，再进行依从性、坚持度和定价的假设。如果产品是通过滴定模式试用（即患者尝试一系列的剂量强度，直到找到最优化的治疗剂量），预测者必须进行滴定假设：某疗法在剂量上升或滴定下降发生前的时间长度，以及在每种剂量强度下达到最终平衡状态时的患者组合情况。

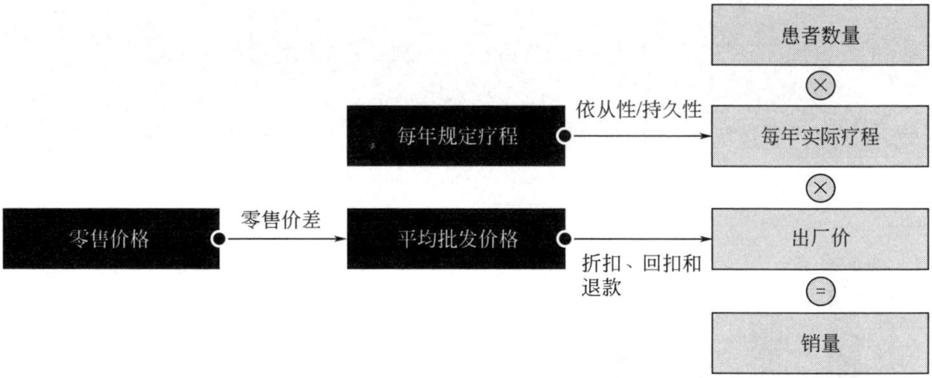

图3.20　将患者转换成销量和收入

在每种剂量强度下的患者数量乘以每个治疗阶段（年、月、周等）的理论剂量，得出的结果就是理论销量，这种算法的前提假设是患者的依从性和坚持度为100%。依从性和坚持度的作用是降低该理论值的上限，使其回归到指定时段内产品消费的实际水平。

预测依从性和坚持度

依从性和坚持度反映的变动情况是不同的。依从性是指患者每日服用处方剂量的行为。坚持度是指患者持续使用该疗法，并及时按处方开药。这些差异可参见图3.21。在现实中，可以用这两个变量得出一年实际的治疗天数，并且预测者经常将它们合并成一个单一变量，称之为依从性。一开始将该变量分成两部分是为了认识市场变动的差异，可以更清楚地表明营销计划对坚持度的影响比对依从性的影响要大。因此，那些旨在提高某疗法的患者坚持度的方案将提高企业收入。

对于预测者而言，查找依从性和坚持度的数据是一项挑战。很少有二手数据源会提供依从性和坚持度数据，我们可以使用模拟数据，来自经过审核的处方或治疗天数数据（由于这两项指标记录了药量的实际分配，所以包含了依从性和坚持度的影响），但患者基数通常很难获得（反推计算依从性和坚持度时的分母）。由于临床试验存在监控，所以使用临床试验数据会高估依从性和坚持度的比例。随着患者水平数据（纵向的患者研究）的出现，预测者在未来能从更好的数据源获得依从性和坚持度数据。

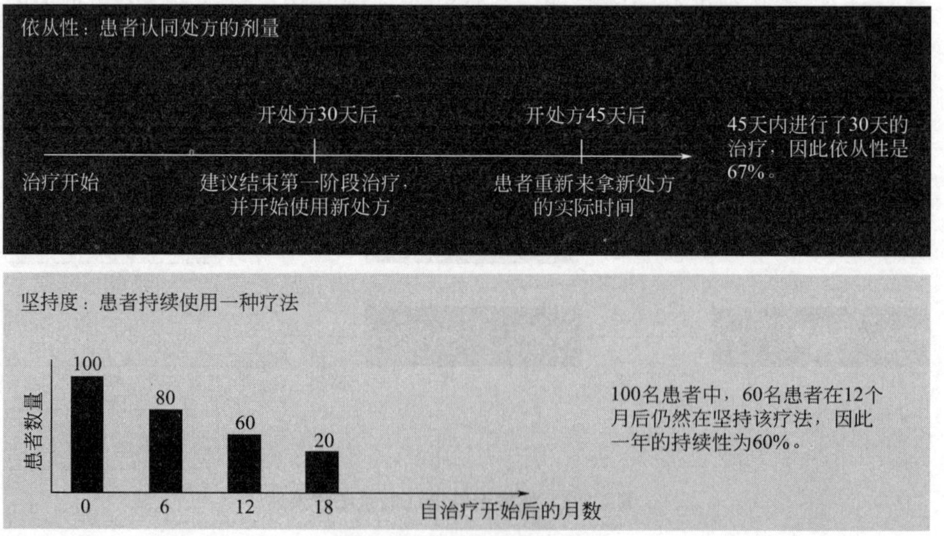

图3.21 依从性和坚持度

在依从性和坚持度修正后，预测者会进行销量预测。这个销量所代表的是假设预测中指定的依从性和坚持度比例所需的产品量。从销量预测角度而言，它通常代表了所需的最低生产量。对可能更高的依从性和坚持度比例进行修正时，我们还需要引入生产商和经销商的安全库存数据。此时，我们可以使用处方时长来预测市场上的处方总量，可以用新患者开始用处方和重复使用处方的比例来预测新开出的处方量。虽然收入预测并不需要这两项计算，但一旦一款产品上市，两种处方量数据都会被用来监测产品的市场表现，并通过各类医药数据供应商对其进行数据跟踪。

把患者转化为收入的最后步骤是将销量转换成收入。将定价与销量结合计算（每片药的价格、每个治疗周期的价格、每次注射的价格等）可以实现这个转换。虽然计算很简单，但定价对整个预测有巨大的影响。一旦价格确定，预测者就需要重新回顾预测模型中的每个假设，并确保该假设与假设的定价一致。这是因为价格及其对医保报销和市场需求的影响会影响许多预测变量（参见图3.1中的虚线）。

价格对接受药物治疗的患者比例的影响体现在患者对成本敏感性方面（如果患者直接支付），或付款人对成本的敏感性（其中某些药物可能不予医保报销，从而患者主动购买受到限制）。很多时候，我们会对药物治疗进行给药顺序细分，其中患者和医生必须按药物类别顺序选择疗法。如果医生对价格很敏感，那么他们可能会根据竞争产品间的价格比较来改变处方决定。在这种情况下，处方决定模型必须包括价格这一属性。

价格假设对采用曲线的影响最显著。根据假设的价格和医保报销支付的时间长短，产品的实际上市时间可能会推迟。例如，如果产品定价导致会耗费大量时间进行经过医保报销支付的谈判，那么产品获批和市场实际使用之间的时间差可能会很显著。定价谈判和医保报销决策可能发生在国家级、州或省级、医疗保险计划级以及医院级的层面，当定价谈判发生在不同的层面时，预测者必须估计不同层面的谈判对象对产品市场占有率的影响，并且根据谈判进度对产品上市日期进行修正。这种情况经常出现在加拿大市场和美国市场。在加拿大，谈判发生在省级层面；而在美国，谈判则发生在为大量潜在患者提供保险的保险公司层面。

价格会对现有配方和新配方自相蚕食的程度产生影响。相比已上市产品的价格，新配方的相对价格能加速或延缓自相蚕食问题，具体取决于相对价格的差距和市场对价格的敏感性。

价格还可以改变依从性和坚持度。对于混合用药比例高的患者而言，药物总成本可能会很高。在这种情况下，患者可能会改变他们的剂量或把剂量分开服用以控制药物成本，在美国市场上，在由于混合用药而承受巨大的“药物负担”（可能是成本负担）的患者中曾经发现过这种行为。

资源的假设

目前，在新产品预测算法的应用方面，我们还没有明确地考虑过预测中所需的资源问题。我们是选择假设资源不受约束还是选择在假设某些特定的资源受到约束的条件下进行预测产品潜力呢？这有时候是个难题。无约束条件的假设提供给我们一个衡量产品潜力的方法，同时能帮助指导生产所需的资源级别和资源配置；但考虑到现实中资源几乎不可能无约束地进行配置，在约束条件下的预测更符合现实情况。

对于新产品的潜力预测必须创造以上两种预测情境，并假设最优或最有竞争力的资源条件，帮助决策者测算出新产品的潜力。对于这种基础的预测来说，资源的受约束条件更重要，预测只是用来解释资源配置的结果。虽然这种方法合乎逻辑，但是资源假设时往往不考虑最上面的需求数。如果没有这种明确的关联的话，一旦决定了资源配置，预测存在发生错误的危险。预测者的任务是使预测结果始终与资源的假设条件相匹配。

最后提示

本章讨论了适用于预测未上市产品的工具、方法和算法。一旦产品上市，预测者就会获得大量数据和历史记录，从而可以改变预测方法。我们将在下一章中讨论有大量历史数据记录的预测方法。

4 已上市产品预测

政治家最重要的能力是预测明天、下个月或明年将会发生什么事情，并且还能在事后解释为何这些事情都没有发生。

温斯顿·丘吉尔

什么线索都还没有。如果在获得所有证据前就进行推理，那就大错特错了。

夏洛克·福尔摩斯

在上一章，我们探讨了适用于产品上市前的预测方法。随着产品的上市，我们需要进行新的思考，即时间序列数据的产生。本章将介绍与已上市产品有关的预测方法。除了前面章节讨论的许多判断方法外，预测者现在还可以使用我们在第2章中讨论的时间序列统计工具（见图2.7）。

这是否意味着预测者可以仅使用统计学方法就能评估历史数据，并预测未来的发展趋势呢？如果是这样，那么剔除了定性判断所依赖的数据的固有不确定性，难道预测不应该变得更“准确”吗？这两个问题的答案显然是否定的。在本章，我们将论证这点，同时提供已上市产品预测的最佳实践方案。

已上市产品的预测算法

已上市产品的通用算法如图4.1所示。它可以针对特定的治疗领域和产品进行修正，但该算法的总体框架保持不变：即历史数据趋势分析，体现趋势外事件的影响，以及将趋势数据转换成所需要的预测输出结果。

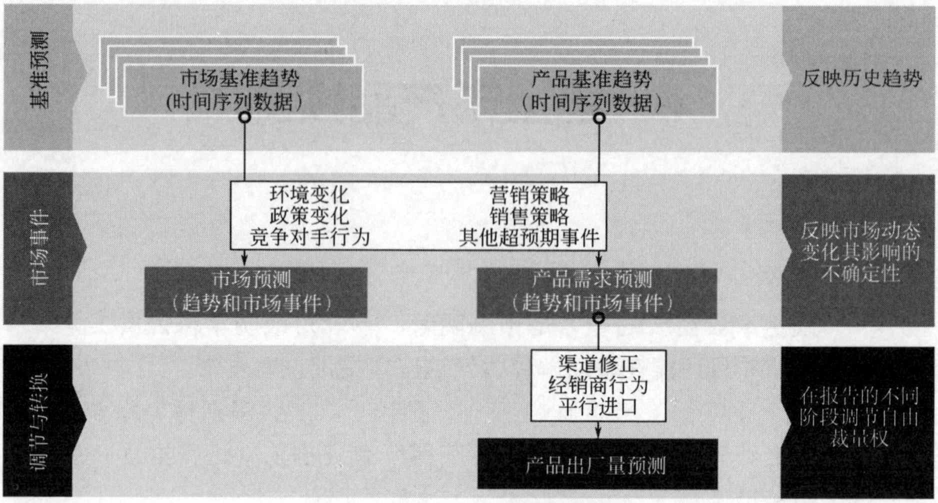

图4.1　已上市产品的预测算法

历史数据趋势分析

算法的第一步是用历史数据检验市场和产品的表现，对历史数据进行趋势分析往往被视为纯粹的统计学活动，软件程序会接受历史数据的输入，并得出一条“最佳”趋势线，用以预测未来的表现。在最简单的情况下，只要有人在历史数据点的曲线图上放一把尺子，并画一条伸向未来的预测线，那么便产生了趋势分析。但实际上，趋势分析的细节要复杂得多，所以预测者在预测已上市产品时，需要做的第一个关键判断是选择合适的方法分析历史数据的趋势。

趋势分析算法

在第2章，图2.7展示了用于对时间序列数据进行趋势分析的各种方法。附录B给出了这些统计学方法的定义。预测者还可以使用很多软件程序，每个软件包几乎都能毫不费力地运行这些不同的趋势分析算法。每一种有效的方法都在寻找一条符合时间序列数据的趋势线，这条趋势线能将实际数据和从趋势分析算法得出的预测数据之间偏差最小（通常是指趋势的均方根误差最小化）。软件包的差异主要来自用户界面（既用于数据输入，也用于数据输出）和用来匹配历史数据点的潜在方法的多少。几乎所有的趋势分析软件程序都能处理类似季节性这样的复杂情况。

对于在趋势分析算法方面优秀的软件的评述有很多[1]。在此我们不再重复，而是重点关注预测者在执行趋势分析时遇到的两个关键挑战：选择用于趋势分析的基础数据集，以及选择数量合适的历史数据点用于分析。

选择用于趋势分析的基础数据集

数据既给医药行业带来了福音，也受到了诅咒。有许多数据源和输入数据可用于时间序列分析：处方总量、新处方、总包装量、库存量、治疗天数、住院天数、零售销量、医院销量、网上药房销量、批发商销量、批发商和零售药房存货等。所谓的福音，是指每个数据集都可以帮助预测者洞察市场多方面的变动情况，因为不同的数据集衡量的是市场不同的方面，所以变动情况会略有不同。所谓的诅咒，是指比较跨数据集的趋势所产生的结果可能会截然不同。这些结果出现的原因可能不是基础数据或趋势分析算法里的错误，而仅仅是因为数据集之间转换系数的存在。

例如，让我们以图4.2所示的数据为例。该图展示了同一产品的四个不同数据集的历史数据，患者、处方总量（TRX）、总包装量和出厂量。对处方总量趋势线的粗略观察可以发现，该产品销量正在加速增长；而已出售产品数量趋势线表明产品销量的增长越来越平缓；患者数量数据显示产品销量仍在增长，虽然增长速度没有处方总量显示的那么快；出厂量显示产品销量处于增长状态，但在2011年有一个异常的数据点。

那么，对数据的哪种解释是正确的呢？为什么看上去数据都是相互冲突的呢？原因在于由数据派生出来的转化系数，处方总量增长了，总销量却没有成比例增长表明医生开出了更短的处方，这实际上减少了单个处方的药品销量；处方总量的增长速度快于患者数量表明医生给每位患者开出的处方量越来越多（或者说治疗期更短）。出厂量在2011年明显的猛增表明2011年批发商可能有过投机行为导致出厂量的增长超过了患者的需求量的增长。如果预测者只选择了其中一个数据集，那么对市场动态产生的误判概率非常大，预测者应该选择全部四个数据集，并解释市场动态（转化率）的变化是怎么产生这些看上去没有联系的数据趋势的，预测产品的关键是了解基本市场变动情况，就像本例给出的说明性数据所证明的那样。

[1] S. 马克利达基斯，S. C. 惠尔莱特和R. J. 辛德曼，预测方法与应用，第三版，纽约：约翰威利国际出版公司，1998。

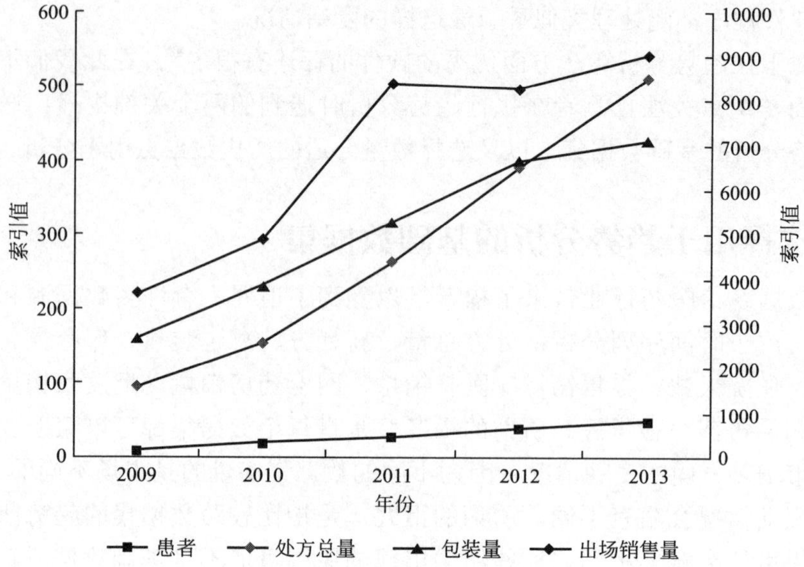

图4.2 产品的历史数据

通常，一名新的预测者，或新的预测审查员通常只专注于一个数据集。这种行为短视而且危险，往往会导致预测出错。然而，在历史数据的趋势分析中，还会出现另一个极端选择，即分析每个能想到的数据集，也会导致预测变得很混乱。例如，许多企业每周审查处方数据并试图以这些数据作为预测未来产品表现的指标，如果数据非常完整，而且处方数据能代表整个市场变动情况（即不存在与处方时间长度或处方量大小有关的变动问题），那么这种行为是很有价值的。然而对预测者来说，对每周数据进行趋势分析也是一项十分费时的工作。如果数据不太完整，可能会产生错误的结论。

在对历史数据进行趋势分析时，怎么选择比较合理呢？最首要的原则是使用那些既能够准确溯源，又最能代表过去的市场变动情况的历史数据。如果数据报告中有明显的错误，那趋势分析和预测也将出现明显的错误。基本数据集的完整与否至关重要，假设数据有效，那么预测者至少应该核查表4.1中的数据集，这些数据能体现出市场上差异很小的变动情况，这些变动情况可以帮助预测者追踪历史活动。

最终，预测者应该对尽可能多的数据集进行趋势分析，只要这些数据集可用且与被分析的特定治疗领域有关。对于正在讨论的产品应该这样做，对整体市场也一样应该这样做。与对产品有关的多个数据集进行趋势分析得到的见解类似，对与产品数据相关的市场数据进行趋势分析后，所观察到的结果与产品的市场表现及整体的市场增长（或下降）有关。

在讨论中，市场份额和产品收入这两种数据容易被忽略。这两种数据集都是衍生数据，市场份额是产品销量除以市场总交易量（这里的量可通过处方、销量、治疗天数或患者进行测量）得出的结果；而产品收入是产品销量乘以价格得出的结果。对这两种衍生数据集进行趋势分析可能会有误导性，并产生错误的结论。例如，如果有人对市场份额增长进行趋势分析，那他不可能事先知道这是产品销量（分子）增加的结果，还是市场总交易量下降（分母）的结果。如果只对市场份额进行趋势分析，那我们就无法区分市场上这两种不同的变动情况了。与此类似，在不知道真实价格变化的前提下，对收入变化进行趋势分析（也就是说根据产品组合，折扣和回扣对标价进行修正）会让人看不清市场变动情况的真实情况。对收入进行趋势分析还涉及一些其他问题，我们将在本章的调整与转换部分中加以讨论。

表4.1 用于市场变动情况趋势分析的有价值历史数据

数据集	评　价
处方总量	测量处方医生持续的行为状况，即治疗患者过程中产生的用药需求量。在不同的治疗方案会产生不同的治疗时间长度的市场里，是评估基础需求量的最佳选择。对大多数零售药品来说有现成的数据，不过对医院渠道或非零售渠道的药品来说可能没有现成可用的数据或此指标完全不适用
新处方	测量医生初始处方行为。在产品最初上市阶段，是反映产品市场增长的一个有用的指标。但不能直接转化为产品总需求量，也不能直接作为测量市场潜力的指标
总包装量	测量已售产品的数量。是测量需求量的最直接指标，也是将处方行为转化为收入最直接的指标。通常是非零售产品最佳的评估指标。零售产品可能没有经审核的数据可用。由于不知道每位患者或每份处方的平均用药量，因此很难计算患者处方的市场份额
治疗天数	测量一种产品用于治疗的天数。是测量患者如何使用已售产品的指标。市场上出现不同治疗周期的产品时，可有效评估市场变动情况。并非所有市场都有经过审核的治疗天数数据可用，同时，由于不能确定每位患者或每份处方的平均用药量，很难计算处方和患者的市场份额
患者	测量某一治疗领域用药患者的数量。基于患者数量最大的前提假设，可以比较实际用药量和潜在用药量。通常，除了像肿瘤或艾滋病这样的特殊领域外，其他领域很难进行患者数量审核。必须要将患者数据正确地转换成处方或销量数据，然后才能进行收入预测，以便对依从性和坚持度进行修正

正如我们看到的那样，对时间序列数据的趋势分析看似很简单，实际上却还涉及判断的成分，那些用于生成基准趋势分析的历史数据集里，哪个（或哪些）数据集最具代表性呢？在下一节中，我们会遇到预测者在进行统计趋势分析过程中，必须做出的另外一个判断。

为趋势分析选择时间段

一旦确定哪些数据集要进行趋势分析后，预测者就面临着这样一个问题，即趋势分析中需要包含多少历史数据点。图4.3所示的数据显示了产品的市场表现。预测者必须要选择历史趋势分析所要包含的数据点数量。

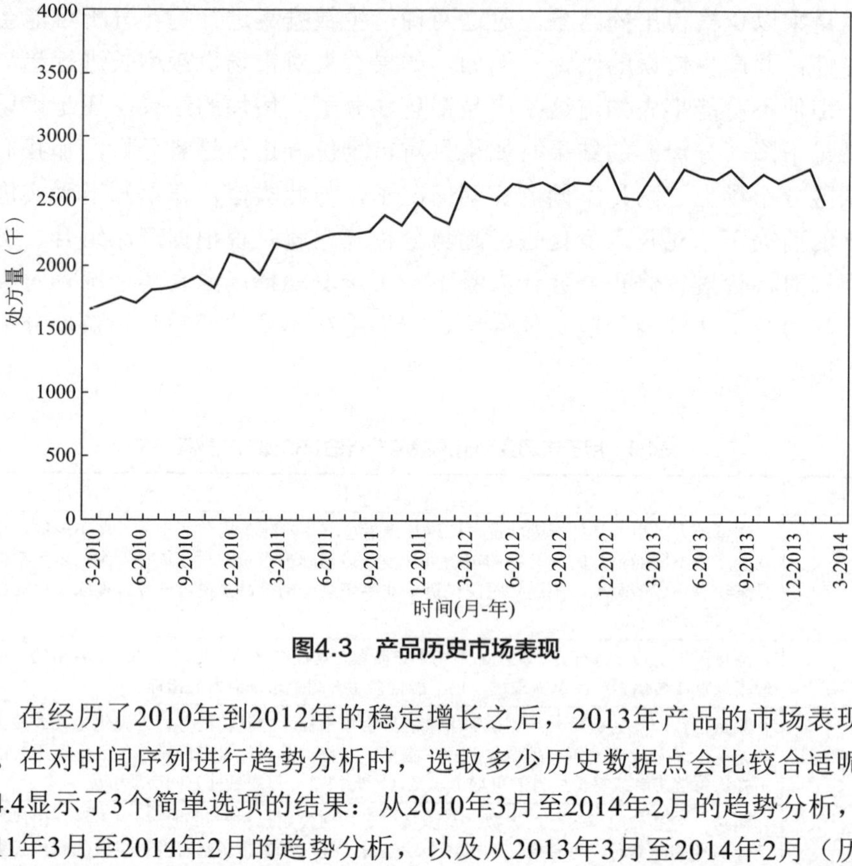

图4.3 产品历史市场表现

在经历了2010年到2012年的稳定增长之后，2013年产品的市场表现平平。在对时间序列进行趋势分析时，选取多少历史数据点会比较合适呢？图4.4显示了3个简单选项的结果：从2010年3月至2014年2月的趋势分析，从2011年3月至2014年2月的趋势分析，以及从2013年3月至2014年2月（历史数据分别为48个月、36个月和24个月）的趋势分析。细看这幅图，我们会发现，为趋势分析选取的历史数据点不同，对2014年和2015年的预测结果也不同。这个例子用到了简单的趋势分析算法；如果使用更复杂的算法，那趋势线之间的差异可能会有所减少。然而，进行趋势分析时，数据点选择面临难题是：预测者是应该选择完整的数据集，还是选择最能代表当前市场行情的数据集？

在预测2014年和2015年的需求时，预测者应该使用哪组时间序列数据呢？答案取决于导致2013年的市场表现一般的真实原因。如果数据真实地反映了市场需求量减少的原因是市场环境、医生需求或其他能代表“真

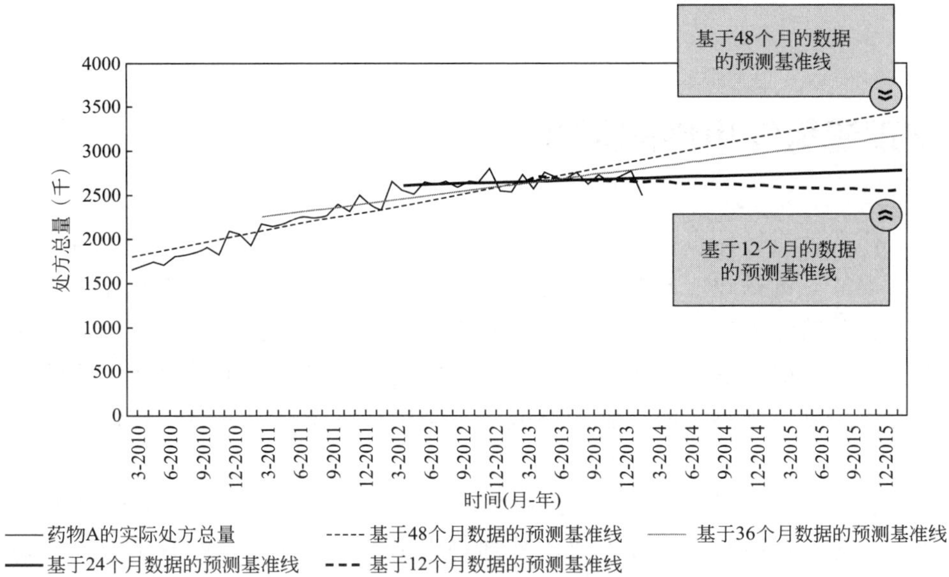

图4.4　使用不同历史时间段数据的预测结果

实”市场变动的因素，那么预测者应该使用这些数据，因为它们最能代表未来的真实情境。另一方面，如果2013年需求量下降的原因是受到供应问题或营销资源暂时减少等因素的制约，那么预测时应该使用完整的数据集。需要再次强调的是，这是预测者在选择历史数据点方面必须要做出的判断。

统计学和趋势分析软件包可以帮助我们做出判断，但它们也可能存在误导性。在统计学上有不太成熟的观点认为，预测者应该选取与统计学意义上的趋势分析结果最贴近的那些历史数据点。在上述已简化了的例子中，即选择全部48个月的数据进行回归分析。如前所述，如果最近12个月的数据真实反映了市场接下来的发展趋势，那么这可能是个错误的决定，在这种情况下，预测者必须推翻上述所谓的基于统计学做出的最佳选择，然后选择最近12个月的历史数据进行趋势分析。其他统计学方法，如年度动态变化总值或减少近期数据点，也可以用来优化统计结果，并提供一个更好的“最匹配”趋势线，但任何一种统计学方法都不能降低预测者对历史数据有效性进行判断的必要性，在已上市产品预测时，预测者第一个应该问的问题是：“时间序列分析需要选取多少数据点？为什么？”

一旦产品和市场都已经建立了最优趋势分析，预测者接下来的任务就是量化趋势外事件对这些基准预测的影响。

体现趋势外事件的影响

什么是趋势外事件？简单地说，它是指那些在历史数据中没有得到体现的事件。包括政府政策的修订、医保报销环境的改变、药物治疗指南的演变、营销计划的改变、销售资源的再分配、负面公共信息、市场上出现新竞争等。很多趋势外事件的发生都可能会影响到我们上一章所讨论的基准趋势预测，预测者所面临的挑战是辨别出这些事件，并量化它们对预测的影响。

趋势外事件分为广义上的两大类，即不受公司直接控制的外部变化和由公司本身控制的内部变化。外部变化由外部组织制定的政策导致，如政府、保险公司、医生、公共政策组织、竞争对手等。内部趋势外事件受公司控制，典型的事件有某个产品的市场和销售策略的变化和延伸产品的上市。

外部趋势外事件

外部趋势外事件的例子包括：欧盟监管机构审查过程中的变化、医生用药预算制在德国的问世、美国联邦医疗保险处方药物计划的覆盖、加拿大网上药房配药的兴起等。此外还有在公共领域的宣传，如针对某些类别的抗抑郁药导致自杀的争议、某些减肥产品的安全问题、因安全问题而回收产品等。还有更多的例子，如市场上新竞争性产品（或疗法）的上市，目前已上市产品营销独占权丧失，或者患者能获得保险公司特定的医疗保险计划。

虽然这些例子形式各异，但是如果要评估这些事件造成的影响，我们通常会去估计下列三个参数：①影响程度；②影响时间；③受事件影响的产品。

这些参数都可以用第二章讨论的判断方法去评估，如一手和二手市场研究数据、模拟分析等。对于有些趋势外事件，我们可能需要利用情境分析来对其他结果进行建模，例如，量化价格变化造成的影响。

估计趋势外事件影响程度大小的方法与峰值份额分析类似，即趋势外事件到底使要预测的产品的市场份额发生了什么变化？趋势外事件的影响时间测量的是趋势外事件的变化，峰值效应的产生会多快，如果有峰值效应的话，影响减小的速度又会多快？最后一个要去估计的参数是受影响的产品，有了它，预测者就能对市场上的不均衡的影响进行建模。例如，如果特定类产品的医保报销状态发生变化，这可能影响到同一类别的其他所有产品（如果定价相似），或者还会影响到更多产品（一般来说，本例中定价较高的产品，相比定价较低的同类产品，受到的影响会更大）。

新竞争产品的出现

新的竞争产品的出现可能会对所有的已上市产品产生相同的影响或只影响到一部分产品。如图4.5和图4.6所示，“份额窃取模型”展示的是假设新的竞争产品的出现将占据20%的市场份额，市场上其他产品的变化。在图4.5中，新的竞争产品从市场上其他产品那里抢占了同等的份额，在图4.6中，新的竞争产品从市场上其他产品那里抢占了不同的份额，从与新的竞争产品相似度最高的产品那里抢占的份额最多。

上述的两张图标展示了一种用来估计新的竞争产品对已上市产品市场份额造成的影响的方法。但是，预测者如何评估新的竞争产品对市场份额造成影响的大小呢（例如图4.5和图4.6中假设的新产品份额是20%）？使用第三章讨论的新产品预测方法就可以得出答案。在这种方法中，就可利用第三章提到的各种份额和采用曲线进行新产品渗透份额的建模。

	现有份额	窃取的份额（新产品份额的来源）	调整后的份额	调整后的份额计算
产品1	10%	25%	5%	10%-25%×20%=5%
产品2	20%	25%	15%	20%-25%×20%=15%
产品3	30%	25%	25%	30%-25%×20%=25%
产品4	40%	25%	35%	40%-25%×20%=35%
新产品	0		20%	20%
合计	100%	100%	100%	

新产品从现有四个产品中窃取平均的份额

图4.5　新竞争者等效份额窃取模型

趋势外事件：新产品上市
事件大小：新产品获得20%市场份额
假设趋势外事件对所有产品的影响大小相同

	现有份额	窃取的份额 （新产品份额的来源）	调整后的份额	调整后的份额计算
产品1	10%	10%	8%	10%-10%×20%=8%
产品2	20%	15%	17%	20%-15%×20%=17%
产品3	30%	25%	25%	30%-25%×20%=25%
产品4	40%	50%	30%	40%-50%×20%=30%
新产品	0		20%	20%
合计	100%	100%	100%	

新产品从现有四个产品中窃取不同的份额

图4.6 新竞争者不均衡份额窃取模型

关于新的竞争产品，在美国有一个具备完整模拟数据的具体案例，即进入市场的仿制药。运用前面所讨论的份额窃取模型，预测者可以轻易估计出仿制药出现所造成的影响。在过去的大多数案例里，仿制药能从具有相同活性化学成分的品牌产品那里窃取大量的市场份额。使用份额窃取模型后，预测者就可以对品牌产品的份额的变动情况进行建模，还可以对市场上其他产品份额造成的影响进行建模。

内部趋势外事件

内部趋势外事件是指在公司自身指导下的活动，它们包括引入同类延伸产品、改变营销策略和计划、调整销售队伍的资源分配等。企业就这些活动所做的决策会影响未来的产品趋势。

同类延伸产品

同类延伸产品是指基于已上市产品的变化而延伸出来的产品。例如，已上市产品的新给药方案或新配方，像每日服用两次变成每日一次，或引进液态（相对非液态而言）鼻内喷剂的新配方，都是同类延伸的例子。同类延伸是为了给患者治疗上增添新给药方案或带来益处的新配方。如果同类延伸产品的独家营销权超越了原配方，或者新产品的价格高于原配方，那就会为公司增加额外的收入。在第3章的自相蚕食部分，已经详细讨论过这些变动情况。

前面章节还讨论过同类延伸产品的预测方法，也就是把同类延伸产品当作进入市场的新产品来对待。在有些情况下，同类延伸产品还可以用这里讨论的趋势外方法进行预测。如果采用这些方法，那同类延伸产品对已上市产品的影响，就类似于新的竞争产品进入市场后对已上市产品配方造成的不同程度的影响。也就是说，用以评估新的竞争产品对已上市产品的影响的方法，也可以用来对同类延伸产品进行预测。

同类延伸产品向预测者提出了一项独特的挑战。同类延伸产品可以用第3章讨论过的新产品预测方法进行预测，也可以用本章讨论的趋势外或份额窃取模型方法来预测。选择什么方法取决于企业为同类延伸产品制定的营销策略。新产品预测方法青睐将同类延伸产品定位为新产品，而趋势外方法或份额窃取模型方法则青睐将同类延伸产品定位为对现有配方的自相蚕食。其实，产品定位决定了选择何种方法，由于同类延伸产品的引入时间和定位则由营销公司决定，同类延伸产品的预测通常作为内部趋势外事件来讨论。

营销与销售活动

公司控制下的趋势外事件的例子主要有营销和销售策略以及资源分配的调整。从一阶分析而言，这些趋势外事件可分为营销（非个人）和销售（个人）策略及战略而导致的。许多公司正在逐步开始使用非个人和个人活动相结合的策略。量化这些二阶组合事件仍会用到在下面将提出的基本原则。

营销干预

营销团队可以采用许多方案来影响治疗进程，他们的目标可以对准不同的决策者（如医生、医保报销方或患者）。每个方案都是为了增强决策者的产品意识，并为产品的使用创造需求，然而随处可见的现象是，每个干预措施都会在关键节点上影响到预测变量，图4.7展示了一些干预措施以及受其影响的预测变量。例如，直接面向消费者的广告活动可能促使患者去看医生（或许会影响药物治疗率），疾病教育通过提高患者的依从性和坚持度，可能会影响到市场需求。

预测者面临的挑战是量化营销干预对预测造成的影响。具体来说，假设过去的方案造成的影响已经在历史数据中得以体现，预测者需要关注未来营销方案与过去的方案有什么不同，在图4.7中，那些影响药物治疗率的干预措施会改变市场的增长，那些影响产品市场份额的干预措施，则会改变对产品本身的需求，而那些影响依从性和坚持度的干预措施则会将处方（或销量）转换为收入的比例。除了这些营销变量以外，预测者也需要修正营销方案对产品本身的影响，例如，为了让患者从使用产品A变成使用产品B而做出的营销干预。

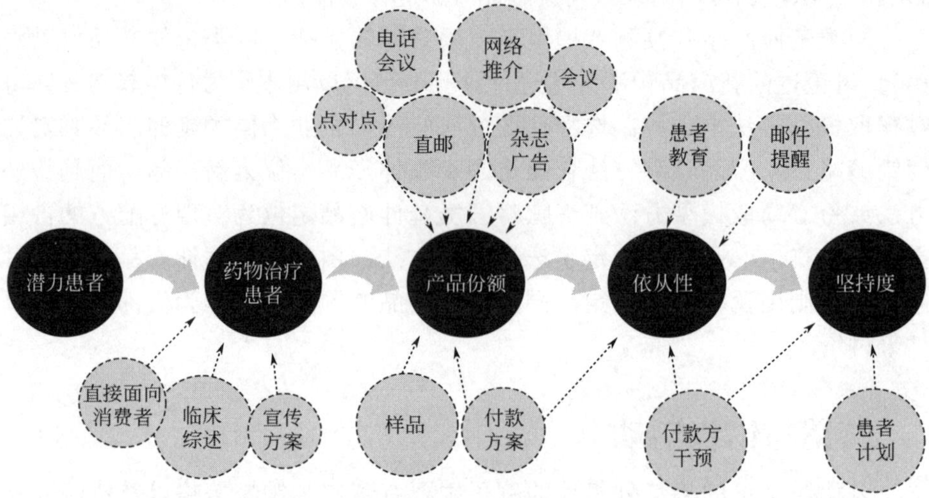

图4.7 营销干预的普遍影响

与其他所有预测方法一样，在评估营销干预措施时，我们力求把握其中的平衡，如图4.8所示。

图4.8 营销干预效果的量化方法

“相信我”

在量化趋势外营销干预措施的方法里，“相信我”是用户友好性最强的方法。在这种情况下，预测者做出量化的基础是与市场有关的经验和直觉。和在其他预测实践中使用的方法类似，该预测的有效性基于做出判断的人的知识和洞察力，并且经常缺少其他分析技术所具有的透明度和可靠性。

其他用来量化市场干预的方法包括营销组合分析和干预三角的效果估算。首先，让我们讨论干预三角，然后讨论促销响应分析。

干预三角

干预三角是用来捕捉特定趋势外市场干预措施的程度和时间的正式化方法。用图形表示即干预三角图，如图4.9所示。

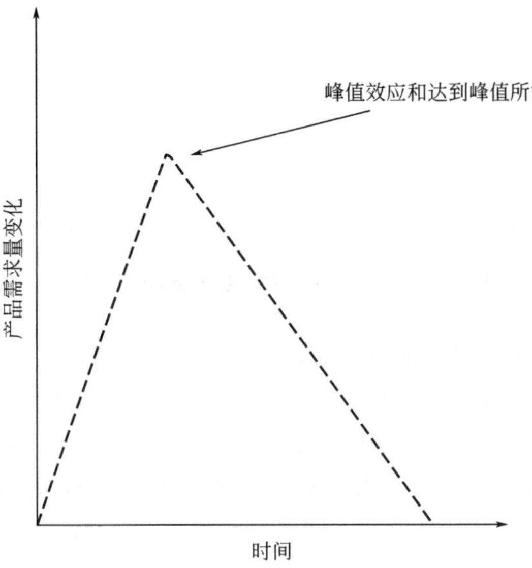

图4.9 营销干预三角

每个营销干预措施都会产生唯一的干预三角。每个干预三角将包含与变化（峰值效应）的大小和时间（达到峰值效应及效应随时间衰减所需的时间）有关的信息。通常需求量变化的测度是按处方量或总销量，而时间是按月测度的。

然后，这些单独的干预三角经过一段时间的积累，形成营销方案的累积效应，如图4.10所示。在每个时间段内，采取干预措施就会产生相应的干预三角。这条总曲线被称为产品对特定营销方案的响应曲线。这种累积效应一直要持续到营销干预停止为止，此时才是效应开始随时间衰减的时候。在市场上，效应产生和效应衰减所需的时间取决于干预三角的形状。在某些情况下，效应可能永远不会衰减至起点位置，对市场仍有一些残留效应。

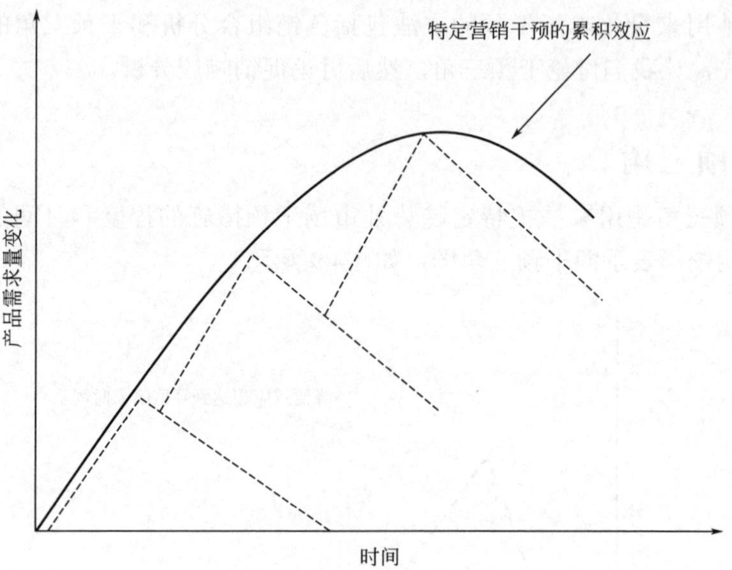

图4.10　多个干预三角在一段时间内的总和

如何计算市场干预累积的效果取决于干预三角的形状和干预的时机，如表4.2所示。两个干预措施都产生相同的效果，采取干预措施后的第3个月，需求量增长到峰值——100个包装量，随后峰值效应开始衰减。如果第二次干预在第5个时间段发生（见表4.2），需求量总共变化70个包装量，其中的60个源自第一次干预的“结转”，剩下10个来自第二次干预的初始效应。这里要注意，累积效应并非一定要像图4.10中所示的那样是一条平滑曲线，但是对应干预的时机会有峰值和谷值。

表4.2　干预三角的累积效应

时间范围	来自第一次干预的需求量变化	来自第二次干预的需求量变化	累积效果
1	10	—	10
2	50	—	50
3	100	—	100
4	80	—	80
5	60	10	70
6	40	50	90
7	20	100	120
8	10	80	90
9	0	60	60
10	0	40	40
11	0	20	20
12	0	10	10

每个营销干预措施都会有自己的响应曲线，而曲线形状（即由营销干预造成的需求量变化）则因干预措施的不同而不同。曲线越陡，说明营销干预措施造成需求量变化越大，即产品对特定干预措施的响应更灵敏。曲线相对平缓（营销干预措施造成需求量的变化小）说明产品对营销干预措施没什么响应。所有干预措施的响应曲线集合在一起（见图4.11），预测者可以得到一组可用于对一系列营销方案造成需求量的变化进行建模的响应曲线。

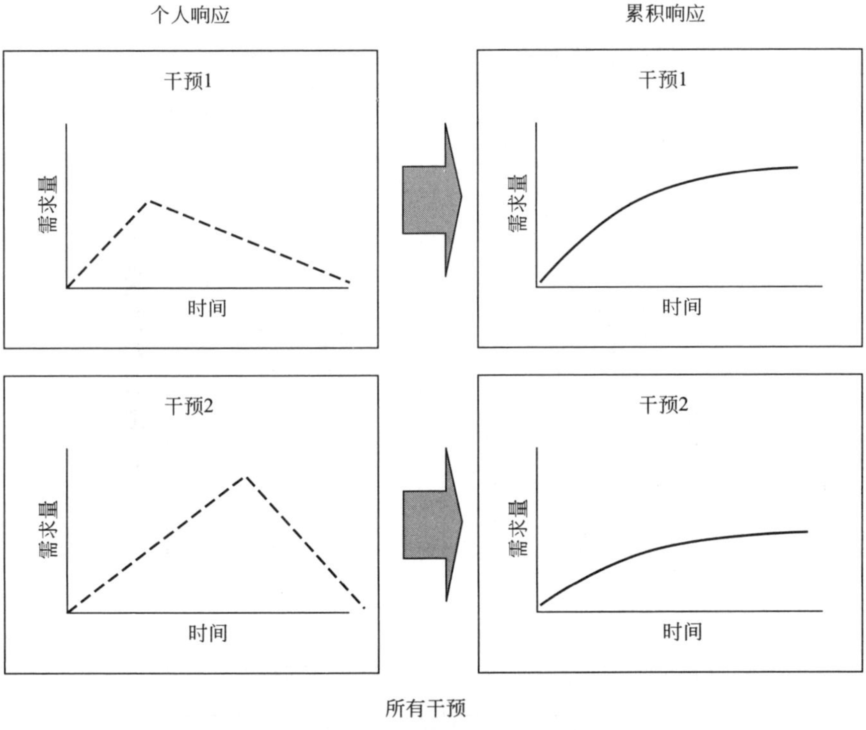

图4.11 一组营销干预响应曲线

响应曲线分析的价值不仅限于预测需求量的变化。如果预测者能找到干预措施的成本，就能计算出每个干预措施的投资回报。反过来，这又可以让决策者有办法给不同的干预措施排序，并优先选择实施那些能产生最大投资回报的干预措施。要计算投资回报率，预测者需要知道每个干预措施的成本。这个成本数据可以通过每次干预措施（如患者教育计划）的总成本，或与总额相关的计算得出（向处方决策者传递DA信息的成本，即处方决策者的数量乘以在每个处方决策者身上花费的成本）。一旦运用成本参数，预测者就能生成最终的一组响应曲线，如图4.12所示。

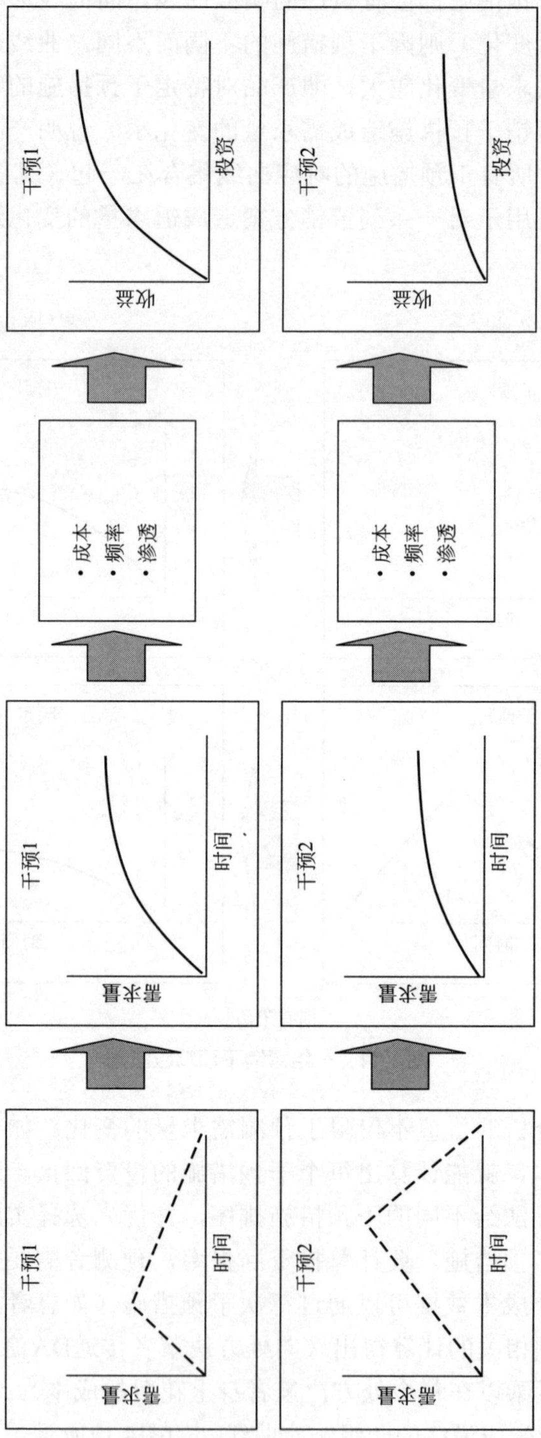

图4.12 营销干预的投资回报曲线

尽管这种分析方法很有效，但干预三角的预测方法在医药行业并不常用。为什么呢？原因在于分析的第一步——干预三角的产生。为了产生这种干预三角，被测试的营销方案的效果必须从可能影响需求量变化的所有因素中分离出来，而且必须得在一个需求变化只受营销干预措施影响的受控市场环境下，同时还得选择一个合适的测量方法来测量这种变化，这个测量方法也必须是一个能把营销干预措施的影响从其他趋势外事件的影响中独立出来的模型如果受控市场不可能实现，除了运用这些测量方式生成干预三角模型，预测者还必须调整测量方式以修正趋势外事件对市场的影响。

这种环境可控的情况在医药市场很难实现。影响药品需求量的因素很多，如多如牛毛的营销方案、销售队伍活动、政府行为、舆论宣传、医保报销状态、竞争对手的活动等。从这些繁杂的因素中，很难单独区分出单个的变量。这也是将市场干预三角用作标准预测方法的关键障碍。在某些情况下，如在美国投放直接面向消费者的广告，可以在仅有刊物、电视或电台三种广告手段的地区进行地域性的广告投放测试，在其他因素相同的情况下，可能可以测出广告投放的效果，并利用结果进行投资回报计算。

鉴于在确定干预三角方面有诸多的困难，预测者可以选择中间那组量化方法，即促销相应分析。这种分析与判断相结合的方法有助于我们了解特定营销方案的有效性，及其对产品预测产生的影响。

促销响应分析

促销响应分析的原理和营销干预三角是一样的，即量化特定营销干预措施的影响，并用分析的结果来预测将来干预的效果。促销响应分析和干预三角之间有两个不同点：

- 促销响应分析利用历史二手数据测量收集定量观察数据，而不是用创建干预三角时用的实验组和对照组；
- 促销响应分析对历史数据分析加以判断以生成响应曲线；
- 促销响应分析方法可参见图4.13。

促销响应分析在医药行业已运用多年，用以分析历史数据的公司案例和分析方法也有很多。在营销组合领域经常被引用的两个研究报告是《药物促销的投资回报率分析：一项独立研究》及《药物促销投资回报率的分

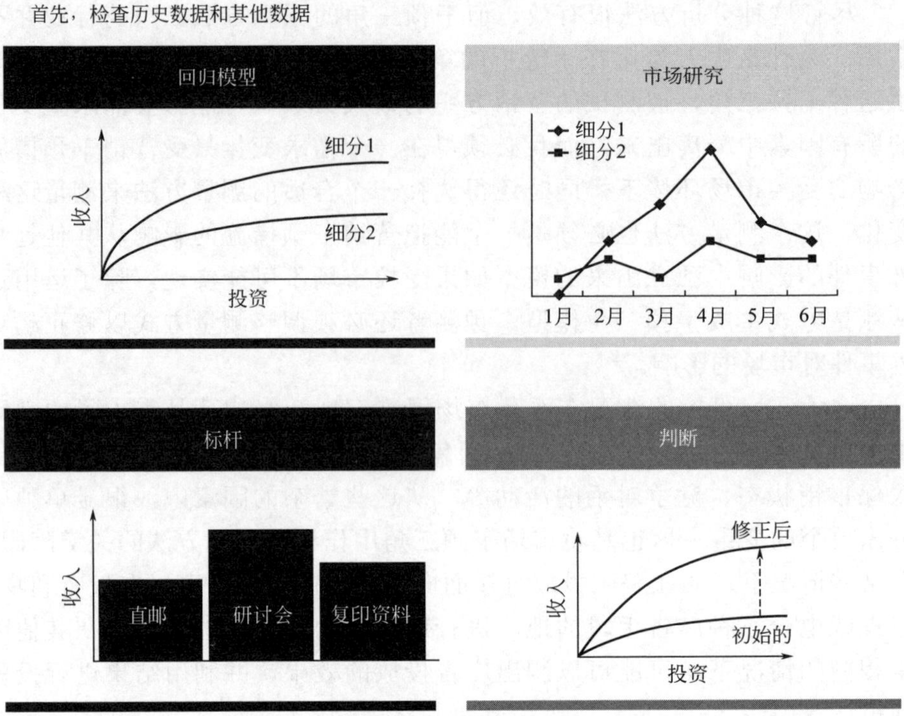

图4.13 促销响应分析

析》，这两项研究分别是在2001年和2002年进行的[1]。这些研究考察了一些历史二手数据源，并认为，在美国通过以下4种营销和销售干预措施可取得一定的投资回报，即DA、直接面向消费者的广告、医学杂志广告和医生会议与活动。

历史促销活动分析中使用的数据，其详尽程度各不相同。可在国家层面进行分析（例如，使用经过审核的国家级数据），或在医生个体层面（这些数据可从医生获得）进行分析。在某些市场中，使用医生层面数据会显著提高促销组合分析能力。从定性分析角度来看，当一个企业内部建立了促销方案标准，预测者就能更好地使用这些标准产生的数据来做出判断。

促销响应分析面临的挑战是历史分析中使用的数据的质量和对分析结果做出判断的质量。促销响应分析和干预三角分析的结果都是一条反应历次营销干预的响应曲线，它可用来估计不同营销干预措施的趋势外影响。如果是促销响应分析，促销响应分析曲线是历史数据分析、标准比较及判

[1] 相关资料可登录www.rxpromoroi.org.查阅。

断的结果，而且其有效性与分析及判断的质量有关。

个人推销行为

个人推销行为是预测者需要量化的最后一个重要的内部趋势外事件。在这种情况下，趋势外事件就是个人推销行为的变化，即药品推销（销售）代表的数量和销售行为。药品推销代表一般不直接参与销售，如医院联络员、客户经理等。但在大多数市场上，个人推销行为可直接定义为销售人员的推销活动。

量化个人推销行为导致的需求变化所用的方法和量化营销干预时所用的方法类似。预测者研究个人推销行为的变化，并将其与产品需求量变化关联起来，产生与在讨论市场干预时提过的曲线类似的一条响应曲线。只是在这里，需求量变化与个人推销行为的变化相关联（如图4.14所示）。如果这里的个人推销行为用的是最简单的定义，即销售代表数量，那么对图4.14的解读就是，增加销售代表数量（增加横坐标轴上的值），是为了提高产品需求量（如纵坐标轴上的值）。继续增加销售代表数量，直到所有的销售潜力都已被发掘（即产品需求量变化为零的地方）。这时，就可求得销售代表数量的最优值，继续增加销售代表数量将导致整体盈利能力的下降（因为实际上我们是在增加销售代表成本，但却没有更多的产品需求量来抵消这些额外成本），这就是收益递减点，也是个人推销行为的能产生的收益的理论最大值。

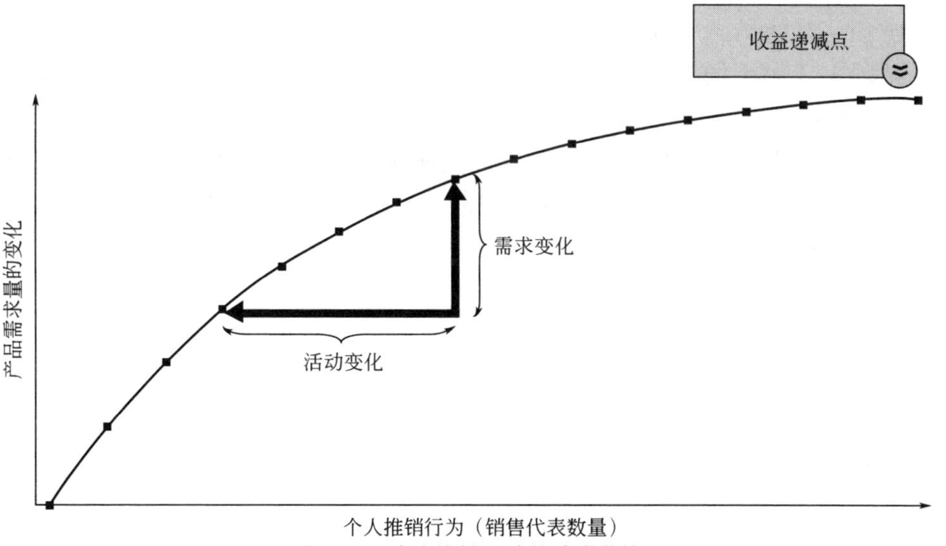

图4.14　个人推销活动的响应曲线

有两项强化措施可以增强个人推销响应曲线以强化它在预测中的应用。第一个是引入结转率（与讨论过的营销干预三角的概念类似），第二个是更好地界定个人推销行为。

结转率反映的是客户忠诚度的变动情况。从个人推销角度来看，结转是指由于个人推销行为发生在当前年份，而销售需要在未来几年才能实现，也就是，客户忠诚度（由当前年份个人推销行为产生）将结转为未来几年的销售，如图4.15所示。从预测的角度来看，预测者必须评估当前年份个人推销行为，以及未来几年所产生的结转情况。

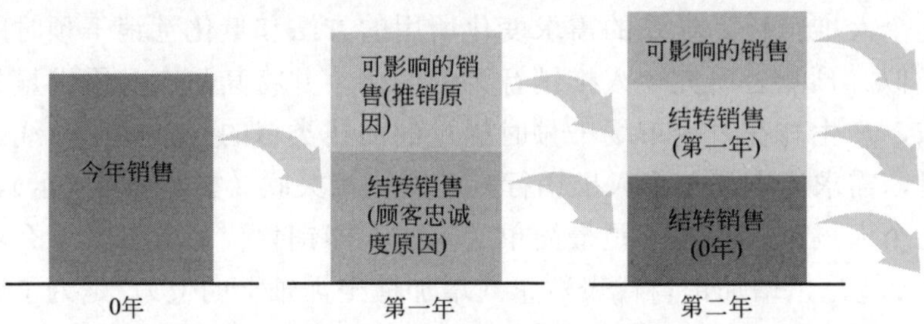

图4.15 个人推销行为的结转率

结转率由于市场情况、治疗领域和产品生命周期等因素的差异会有所不同。它们的范围值涵盖80%~85%的较低值和110%~120%的较高值。虽然特定产品的结转率各不相同，但还是有些通用规则可以应用到预测模型中。对于新产品而言，结转率大于100%是符合逻辑的，因为市场上已经存在巨大的需求量，而个人推销行为成为一种催化剂，用来释放这些需求量。急症护理产品的结转率往往比慢性病护理产品的要低，竞争激烈的产品，它的结转率要比市场竞争很少或根本没有竞争的产品要低。在估计个人推销行为变化的趋势外事件影响时，预测者必须估计被预测产品的结转率。

更好地界定个人推销行为可以优化在预测中对趋势外事件的估计。再以图4.14为例，图中的横坐标轴被标记为“个人推销行为”，但此变量可通过多种方式来定义：

- 推销产品的销售代表人数；
- 推销产品的推销代表人数（包括销售和非销售职能）；
- 与客户讨论产品花费的时间（被称之为同等推销量）；
- 客户群的细分，例如为不同专业医生创建不同的响应曲线；
- 将推销行为拆分到客户群，以及客户个体接受个人推销访问的频率或次数；
- 评估个人推销行为的效果，并在横坐标轴上用有效的指标体现出来。

随时间推移，销售队伍的策略会不断优化，个人推销活动也随着上述列表的第一条到最后一条推进进行了优化。预测者需要关注个人推销行为测量指标的变化，这是因为这些变化必须能够实际用于测量趋势外事件对产品收入的影响。

初步需求量预测

在体现趋势外事件影响这一步骤的结尾，预测者已经完成了初步需求量的预测。这项预测首先以历史数据的趋势分析为基础，然后再将趋势外事件的影响体现出来。这个阶段典型的预测输出结果实例可参见图4.16。这项预测实质上是对产品需求量进行趋势分析时所用的历史数据进行修正。在下一节中，我们将讨论对需求渠道的修正。此外，我们还将讨论由于经销商行为导致的修正和由于平行进口活动等导致的修正。

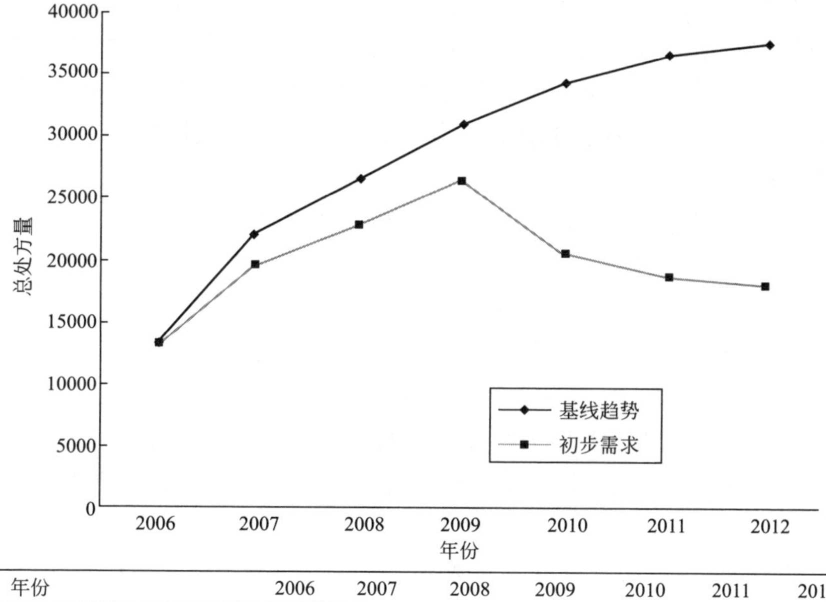

年份	2006	2007	2008	2009	2010	2011	2012
基线	12823	22021	26440	30859	34133	36437	37493
趋势外事件1	−13	−1899	−2640	−3086	−3413	−3644	−3749
趋势外事件2		−617	−1053	−1234	−1365	−1457	−1500
趋势外事件3					−8873	−12746	−13123
初步需求量预测	12810	19504	22747	26539	20481	18590	17975

图4.16　利用趋势分析和趋势外分析的初步需求量预测

将经趋势分析过的数据转化为预测输出结果

趋势和趋势外事件一旦被量化，预测者就可以准备将初步预测转化为收入预测。即图4.1展示的算法中“调整与转换”部分。该部分包括两个主要步骤：使出厂量预测与需求预测尽量保持一致，将出厂包装量转化为出厂收入。

渠道修正

如果一款产品被同时销售到零售药房和医院，但趋势和趋势外分析时使用的数据只涉及零售药房需求量，那么在已上市产品预测算法的前面几个步骤中，预测者可能会忽略医院渠道的需求量。在这个例子中，零售渠道将得到预测，但医院渠道将被忽略。“渠道修正”是指将那些在基础趋势分析和趋势外分析中未体现的渠道包括进来。基础数据集中未被体现的渠道常被称为“未经过审核的渠道”。

未经过审核的渠道因国家、治疗领域和产品的不同而变化。可能的未经过审核的渠道包括医院、疗养院、长期护理机构、邮购、网上药房、政府发放、医生办公室、治疗中心（如透析中心和肿瘤诊所）及任何其他不向数据采集公司报告数据的直营经销商。对于其中一些，有可用的数据的渠道，预测者可以按照本章前几节中介绍的方法分析这些渠道的需求量。因此，常见的做法是对每个经过审核的渠道（如零售药房、医院、邮购等）进行趋势分析和趋势外分析，然后再依据未经过审核的渠道的数据进行修正。

图4.17中以三种产品的预测数据为例，有阴影的单元格代表的数据可通过审核或其他数据源获得。没有阴影的单元格代表那些特殊渠道的估计销量，但这些未经过审核的渠道里没有历史数据集。

在这个例子中，预测者可以用经过审核的渠道（阴影部分）的数据来创建初步需求量预测，它的构建基础是基础数据的趋势分析和趋势外事件的影响。对于产品A和B而言，初步需求量预测包括一个单一数据集。但是，对于产品C，则有3个初步趋势分析和趋势外预测，3个经过审核的渠道都是如此。对所有产品而言，预测者为了获得真正的需求量预测，会加上未经过审核的渠道的修正。对于产品A，它包括初步需求量预测增加20%，以符合未经过审核的需求（其中医院渠道占5%，邮购占15%）。同样，产品B的初步需求量预测将增加25%，产品C的初步需求量预测则增加15%。

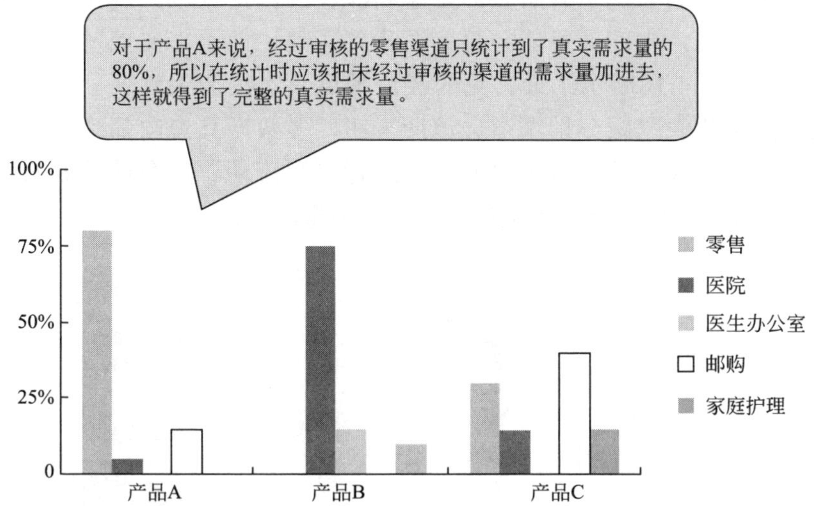

渠道和产品销量的百分比

渠道	产品A	产品B	产品C
零售	80%	0	30%
医院	5%	75%	15%
医生办公室	0	15%	0
邮购	15%	0	40%
家庭护理	0	10%	15%

注：阴影部分为可用历史数据；其他是估计值。

图4.17 来自经过审核的和未经过审核的渠道的产品

未经过审核的渠道需求量一旦被添加到初步需求量预测里，就意味着一个“真实的”需求量预测已创建完成。这个需求量预测代表产品将被终端用户消费掉。这并不表示生产商必须按这个需求量供应。在生产商和终端用户之间还存在另一个市场动态变量，即产品分销。

经销商行为

经销商在药品生产商和终端用户之间充当了桥梁的角色。例如，批发商可能从医药生产商那里采购产品，将其运送给众多零售药店，消费者按处方买药时，药店再将药品销售到消费者手中。这种情况涉及两个经销商，批发商和零售药店。这两个经销商都购买产品，并将产品以存货形式放置在货架上，直到市场需要该产品（批发商发货给零售药店，或是消费者按处方在零售药店买药）。

其他经销渠道包括医院、诊所、医生办公室、治疗中心等实体。经销商具体属于哪一类取决于其所在的国家和涉及的治疗领域。例如，有些产品主要用于医院，生产商可能会直接发货到医院，而不需要批发商作为一级发货地点。图4.18展示了最常见的经销渠道。实线箭头代表一级分销渠道，虚线箭头代表二级分销渠道。该图表明，多数产品流向都是从批发商转移到药店，再通过医院和医生办公室进行二次流动。每个被预测的治疗领域和产品都将会用不同的箭头显示不同的销量流向。

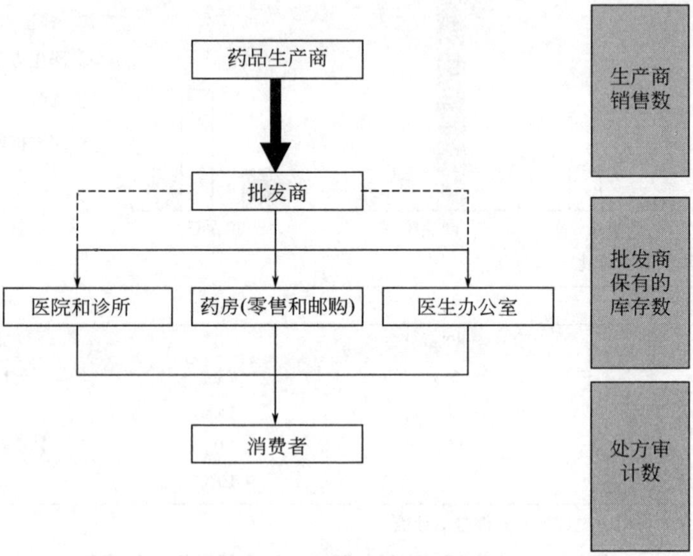

图4.18 经销商行为汇总

这种变动情况给预测者制造了一项严峻挑战，即产品销售出厂量（生产商销售给经销商的产品）和产品需求量（销售到消费者手中的产品）之间的数量差异。这导致我们要做两种类型的预测，即产品销售出厂量预测和真正的产品需求量的预测，经销商的库存水平造成了两者之间的差额。如图4.19所示。

图4.19显示了经销商几个重要变动情况，它们会影响预测（需求量和销售出厂量）随时机、填满和清空销售渠道、投机行为等因素的影响而变化。

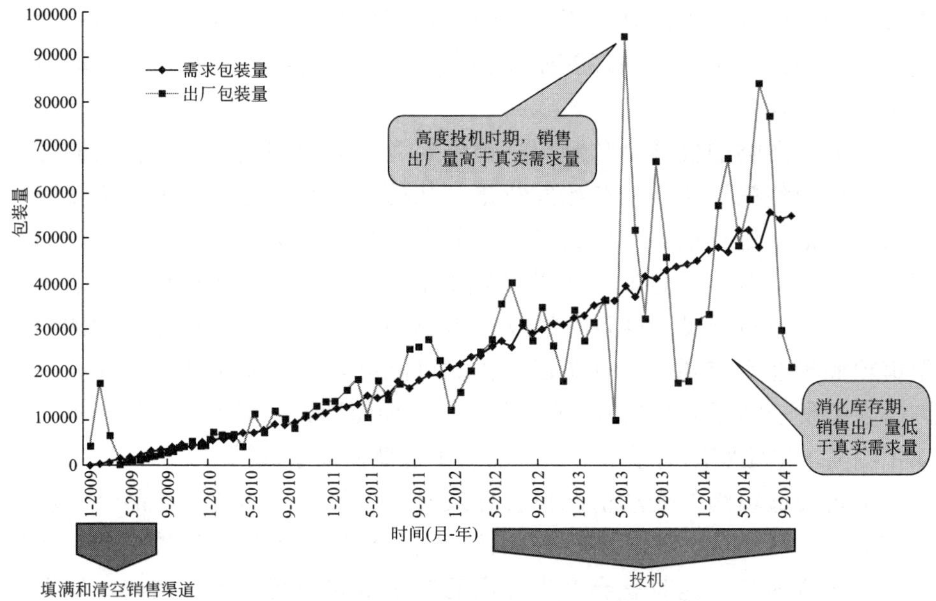

图4.19 预测（需求量和销售出厂量）**随时机、填满和清空销售渠道、投机行为的影响而变化**

时机

出厂发货量与消费者需求量之间在时机上存在差异，这种差异如图4.19所示。消费者需求量的数据比出厂货物发货量的数据更平滑，这是因为消费者需求量是根据消费的每个包装量测量的，这种测量是基于大量的小包装（例如30片的一份处方）的销售增长。而出厂发货量记录的是销售到经销商那里的大包装（例如数千瓶500片装的产品），这就造成了产品发货的模式不固定，工厂按照订单大批量的发货，然后发货间歇，等这些存货被消费者购买后，再进行下一次大批量发货，如此循环。这就引起出厂发货量的波动，如图4.19所示，随着出厂发货量转化为生产商的收入，就出现了产品销售上的相同的峰值和谷值。

填满和清空销售渠道

填满和清空销售渠道是指产品首次进入市场时出现的分销行为，如图4.19所示。产品刚进入市场时，为了填补经销商销售渠道，出厂量会猛增，也就是说，用可以满足消费者需求的库存量去填满货架。随着产品需求量上升，初始库存得到清理，直到经销商达到持续的库存水平，大概是两周到四周的预计需求量。清理初始库存，直到达到持续库存水平的变动情况就是所谓的清空销售渠道。

预测者面临的挑战是预测填满销售渠道所需的初始量。它代表的是填满经销商销售渠道所需的初始发货量。从历史上看，这个值是以持续需求量倍数为依据进行估算的，比如是产品上市半年内消费者预计需求量的两倍。对于投产准备时间短和/或货架期长的产品，预测销售渠道填满量不是非常重要，但对于投产准备时间较长和/或货架期非常短的产品，预测销售渠道填满量非常重要，一项错误的预测可能会导致产品延期交货（如果预测需求量小于实际需求量），或因为产品过期而销毁，遭受一定的损失（如果预测需求量比实际需量求大，产品由于过期需要予以销毁）。

销售渠道填满的变动情况也会导致财务报告出现问题。产品一旦从生产商运送至经销商，销售就得以确认，收入也得以确认。如果生产商让分销渠道压货太多，这时就会产生虚假的销售量和销售收入。例如，如果经销商有持有高于预期的初始库存的动机，生产商的产品收入就要高于预期。经销商持有高于预期的初始库存的动机有：生产商给经销商库存费来让经销商产品堆在货架上，或者生产商同意给经销商一个非常长的回款宽限期，这种变动情况被称之为分销渠道压货，由于它在某种程度上会误导投资者，这种行为在有些国家是不合法的。

投机行为

产品投机行为的变动情况显示在图4.19的右边部分。在图的这部分，给经销商的出厂发货量的峰值和谷值都比历史年份显著增大，这是存在投机行为的一种表现。当市场中的生产商要涨价时，经销商会推测价格上涨的时间和幅度，然后进行投机，如果经销商在提价前从生产商那里进货，然后在提价后将其销售给消费者，经销商就能通过投机行为从中获利。例如，如果经销商在4月份购买了价值10万欧元的产品，而生产商将在5月1日后正式提价5%，此时经销商可以10.5万欧元的价格（高出原价5%）出售这批产品，获利5000欧元。经销商仅仅通过推测涨价然后在生产商宣布涨价前购买产品，就获取了利润。

经销商希望尽可能多地投机，因为投机可以相对容易的增加经销商的利润。经销商投机的成本仅仅是准备购入产品的仓储空间并承担预付款的资金成本，如果生产商在合同中生产商给予经销商30～90天的回款宽限期，经销商甚至不需要准备预付款。在这种情况下，投机行为的唯一障碍就是持有产品所需的仓储空间。对经销商而言，仓储费用通常是固定成本，不会因为进货量的增加而显著增加。从本质上说，对于经销商而言投机行为并没有真正意义上的障碍，还可以获得显著的财务收入。

但对生产商而言，经销商的投机行为几乎没有好处。如果经销商为了投机而大量采购，出厂发货量和真实需求量之间的差距就会加大（如图4.19所示），工厂出货量因经销商的投机行为被动增加，生产商的出厂发货量和收入变得越来越不稳定，也越来越不能反映消费者的产品需求量。这样一来，预测出厂发货量和收入就变得更加困难，因为预测者不仅要给产品需求量建模，还要估计经销商的投机程度。

能从生产商的涨价行为中获利，从财务角度上这会激励经销商进行投机。如果市场的价格上涨幅度很小和/或涨价时机预先确定，就不需要太担心投机问题。作为最大的市场之一，美国市场中的投机行为已成为并且持续成为市场中的主要问题。

在美国医药市场上，经销商与生产商之间的动态关系有一段很有趣的历史。在20世纪80年代的美国市场，价格上涨通常高于通货膨胀，此时出现了最早的严重投机现象。医药产品涨价并没有固定的时间表，生产商可以随意提价，这就导致了经销商的投机行为。在美国市场，投机商主要是批发商。

当美国市场出现投机现象时，生产商就面临着出厂发货量和需求数据之间的差异。为了平息投机行为，生产商首先在宣布提价后的一段时间内仍允许批发商以原价购买产品，这个“买进”背后的理论是，允许批发商以原价买进，再以更高的新价卖出，批发商无需投机。站在批发商的角度，由于仍然可以按原价买入，就没有必要赶在涨价前大批量进货去投机了，这种“买进”条款通常会延长到宣布涨价后一至两个月。从理论上讲，因为批发商无需投机，所以出厂发货量应该变得平缓。

结果怎么样呢？出厂发货量如生产商希望的那样变得平缓。相反，他们看到的是，投机从涨价前转移到了涨价后。投机行为背后的道理仍然相同，批发商仍然可以原价购买大量产品，然后以更高的新价出售。只是时间发生了改变。现在，批发商不在涨价前大量进货，而是在涨价后的一段时间内大量进货，然后以更高的价格出售产品。

对于批发商的这种行为，生产商的反应就是限制批发商按原价购买产品的数量。他们在合同条款中限制批发商可以按原价购买的数量，这个数量通常与批发商在涨价前的进货量相关联。对“买进”行为进行规定有什么效果呢？它只是将投机行为转回提价前。如果在“买进”期间，批发商被限定的购买量是涨价前购买量的倍数，那批发商也只需在涨价前购买更多的产品即可，这就增加了批发商在涨价后可购买（按原价）的产品数量，并通过投机为其创造了更大的利润。

简而言之，通过限制批发商的购买量去减少经销商投机这方面，生产商没有什么一劳永逸的措施可以采取，生产商在减少经销商投机上的尝试基本上只是改变了投机行为发生的时间。生产商最后能采取的措施是，停止向经销商供货以阻止其投机行为，以此迫使经销商减少他们的库存。但这是一种短视的解决方案，还可能导致终端消费者购买不到产品。对于药品而言，这会严重影响到患者健康，并且使得医生对未来能否获得持续供应产生怀疑。

现在生产商已经不用这些严厉的措施了，相反，他们开始与经销商“合作”，以降低投机行为的必要性。生产商的责任是激励经销商，从而使经销商无需再投机。这些激励措施通常被称为生产商和经销商之间的“库存管理协议”。在美国，这种协议在不同的情况下条款各有不同，但是大概都是一些可以实现双赢的约定。

预测者可以通过简单计算得出经销商的“月度库存率”指标并用这个指标来监测投机行为，“月度库存率”指的是经销商在不采购额外产品的情况下可以满足的患者需求量，如表4.3所示，“月度库存率”由经销商持有的库存量除以患者的需求量，患者需求量根据消费量确定。如果经销商及时把自己的库存水平报告给生产商，“月度库存率”是可以计算出来的，但生产商必须汇总所有的经销商的库存数据才能得到精确的总体库存水平，如果某个大经销商不报告自己的库存数据，那么生产商必须自己进行估计。在表4.3的例子里，预测者可以用“月度库存率”的平均值0.6来预测第四季度经销商的库存水平。

表4.3 月度库存率的计算

项目	1月	2月	3月	4月	5月	6月	7月	8月	9月	10月	11月	12月
经审核渠道的患者需求量	94	100	98	100	97	99	105	102				
经销商报告的库存量	64	57	61	59	63	62	64	60				
月度库存率	0.68	0.57	0.62	0.59	0.64	0.62	0.61	0.58	0.60	0.60	0.60	0.60

综上所述，预测者面临着挑战，原因是消费者需求量数据和出厂量数

据之间存在差异。鉴于市场中会出现投机行为，预测者必须预测经销商采购行为。这种对经销商采购行为的修正必须应用到基本消费者需求量预测里，以便预测出厂量和收入。

平行进口

平行进口，也称灰色市场进口，是指在一个市场（国家）里，受商标或专利保护而生产的产品，在未获得本地知识产权所有者授权的情况下，进口到第二个市场（国家）。例如，平行进口商（重新包装商）会在西班牙购买大量处方药，然后在未经拥有注册专利权的本地生产商许可的情况下，将其进口到英国或德国。事实上，欧盟的内部市场规则允许这些国家之间的平行贸易。平行进口模式下产品流向图解参见图4.20。

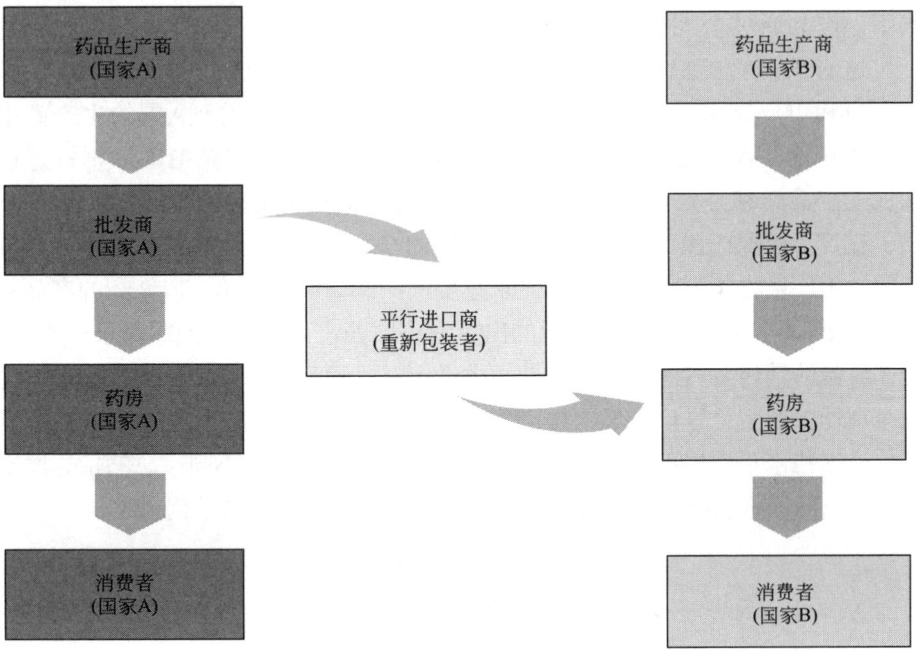

图4.20 平行进口示意

虽然平行进口在欧盟很常见，但在美国，由于有两条法律约束，所以并不常见。第一，美国的专利拥有者明确受到进口权利的保护，从而免受平行进口之害；第二，根据1988年一部涵盖药品的法案规定，平行进口有注册商标的处方药是明令禁止的。应当指出的是，它并不适用在美国境内转售药品的行为。因此，如果产品最初在美国出售，然后经过网上卖家重新包装，那么在网上销售这些药品并不属于平行进口行为。在这种情况下，网上卖家只是另一种分销渠道。

日本允许平行进口有专利和注册商标的货物，除非货物由合同条款明令禁止，或者原来的销售就受到国外的价格监管。在平行进口方面，日本比美国更为开放，但不及欧盟。澳大利亚一般允许平行进口有注册商标的商品，但专利所有人可能会阻止商品进口。因此，澳大利亚并不是很大的平行进口货物市场（有关平行进口货物或其法律和监管背景更详细的讨论内容，请参阅麦斯克斯向世界知识产权组织提交的报告[1]）。

不同于我们对美国市场的通常看法，最近，加拿大和美国之间兴起了医药产品的跨境运动，产品间的价格差是平行进口的驱动因素之一，在加拿大，有好几种药品的价格都低于美国。从2004年开始就有报告称，住在美加边境附近的居民拿着处方前往加拿大买药，然后返回美国。在这种情况下，产品通过个人实现了跨境。

这对预测者提出了什么挑战呢？与前面我们提到过一个挑战类似，即出厂量和市场需求量之间存在差异。参考图4.20，我们看到A国的生产商把产品销售给了A国批发商，但零售商的销售和记录在发生在B国。平行进口造成的产品转移导致了出厂量与市场需求量之间的差异。

在产品的原产国，出厂量会相对该国的产品需求量显得过高。在产品的进口国，出厂量将比该国产品预期需求量要低。例如以本节第一段介绍的产品从西班牙出口到英国为例，西班牙的出厂量将比西班牙市场的预期需求量更高，而在英国的销售量将比英国的预期需求量更低。预测者必须修正出口和进口这两个市场中的平行进口水平。与已上市产品算法中调整和转化部分的其他因素相似，这些修正根据不同的国家、治疗领域或特定产品而不同。总的指导原则是，市场间的价差越大，平行进口（在法律允许的地方）的量就越大。

最后注意事项

本章讨论了已上市产品预测的方法，先从如何处理历史数据开始，然后通过量化趋势外事件，实现对产品的初步需求量预测。接着，针对未经

[1] K. E. 麦斯克斯，医药领域的平行进口：对发展中国家的竞争和价格的启示，2001，可通过此链接www.wipo.int/about-ip/en/studies/pdf/ssa-maskus__pi.pdf# search='maskus%20parallel%20imports'查阅全文。

过审核的渠道、经销商行为和平行进口的影响对这个初步预测做出调整。与所有预测实践一样，预测者结合数据和判断来进行预测。就已上市产品而言，预测的最终用户往往看不到预测过程中的判断，例如用于趋势分析的历史数据点的数量。为了提高预测的透明度，这些判断需要对预测的最终用户可见。

预测者在预测已上市产品时面临的最大挑战是如何将需求量预测转化为出厂销售量预测。分销渠道的动态变化导致了这一挑战的产生。在这些动态关系中，经销商的采购行为会导致产品需求量和出厂量之间的差距，这种采购行为（药品生产商控制不了，有时候甚至意识不到，）是已上市产品预测中最难处理的部分。

5　制药行业预测的新专题

要是你们能够洞察时间所播的种子，知道哪一种会成长，哪一颗不会长成，那么请对我说吧。

威廉·莎士比亚

一个好的预言家并不比其他人聪明，他只是把自己的无知组织得井井有条。

奥斯卡·王尔德

近年来，医药市场又发生了一些新的变化，对预测者提出了新的挑战，其中的两个挑战，一个是专科药市场（或疾病），另一个是日渐增长的治疗疾病的生物制剂。本章讨论这些趋势对制药行业预测工作的意义。

孤儿药

孤儿药是用于治疗罕见病的药品。美国1983年通过了“孤儿药法案1983”，率先确定了孤儿药的认定规范。随后，新加坡、日本、澳大利亚、欧盟分别于1991年、1993年、1997年、2000年通过了类似的法案。

患病率是用于界定治疗是否符合孤儿药用药资格的主要指标，尽管各国的定义略有不同，但是通常来说，患病率小于0.5‰是公认的标准。在英国，患病率小于0.1‰是极端孤儿药。在一些主要市场中界定治疗方法是否符合孤儿药用药资格的疾病患病人数如表5.1所示。

罕见疾病通常会缩短患者的生存期从而影响他们的生活质量，它们通常很难诊断。总的来说，80%的罕见疾病是由遗传导致的，75%是儿童发病，是导致儿童夭折的重要原因。因此，罕见疾病的医疗需求是巨大的。

表5.1 用于孤儿药认定的疾病患者数

地区或国家	患病人群数量
澳大利亚	<2000
欧盟	<250000
日本	<50000
韩国	<20000
美国	<200000

除了可以满足罕见疾病的医疗需求之外，药厂的产品被认定为孤儿药资格的好处也是很多的，包含着商业和研发两方面的驱动因素。米金斯等人所描述的这些驱动因素见图5.1。

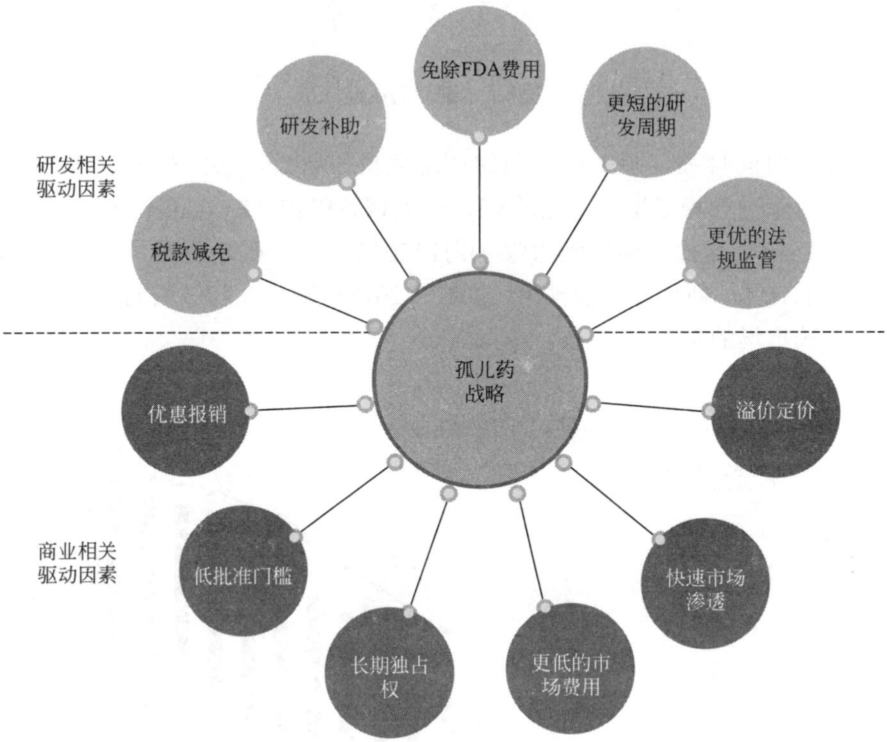

图5.1 发展孤儿药驱动因素汇总

尽管驱动因素的细节随着地区和国家有所不同，但大体上的驱动（激励）机制适用于所有的孤儿药市场。这些驱动因素颇有成效，在过去的几十年中被认定具有孤儿药用药资格的治疗方法的数量逐年上升，见图5.2。

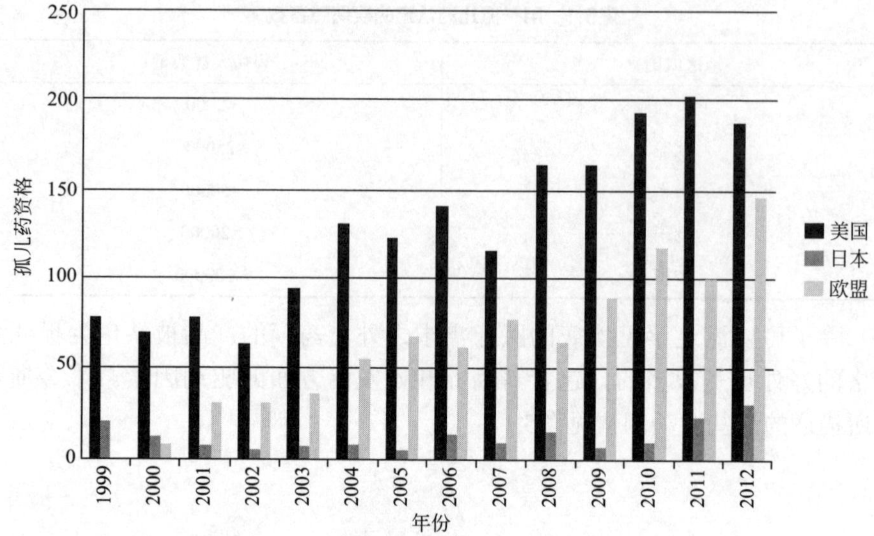

图5.2 孤儿药认定

随着时间推移，除了孤儿药的认定数量在增长，它们对于全球品牌药收入的贡献也在稳定增长，见图5.3。伦敦调查机构（EvaluatePharma）已经预测2018年全球孤儿药的销售收入为1270亿美元，孤儿药收入占品牌处方药份额的16%。他们进一步预测，2012～2018年间孤儿药市场的增长率将会是处方药市场的两倍。

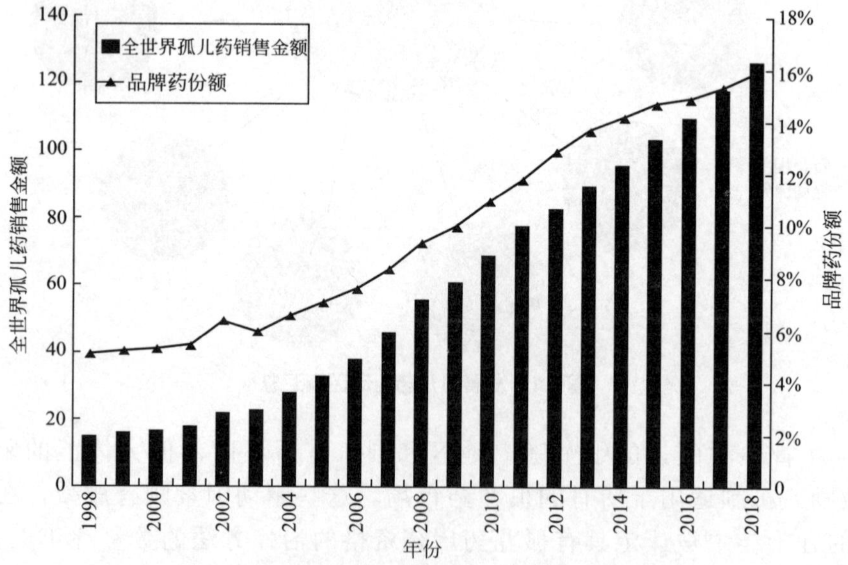

图5.3 全球孤儿药销售额及其所占品牌药市场的份额

在美国，最常见的孤儿药认定来自肿瘤领域（在血液和实体肿瘤领域中认定了超过250个孤儿药）；其次是感染性疾病，包括艾滋病、疟疾、肺炎；最后是特发性肺动脉高压。在欧盟，肿瘤领域排第一，然后是代谢领域。在全球市场中，孤儿药也被用于解决遗传性疾病，如酶缺乏症。

行业对于孤儿药的关注为预测者带来了挑战，使用第3章中新产品预测方法，我们可以把这些挑战分为三个类：流行病学、产品份额和市场渗透、产品定价和医保报销敏感性。

流行病学

由于缺乏数据，很难对罕见病进行流行病学方面的分析。例如，为了获得“真实的”遗传疾病患病率，那么必须在出生之后到死亡之前要做出诊断。对于很多罕见病，只有医生下了诊断后才能确定患病率。但是，很难获得患者在其发病的每个阶段的诊断率和治疗率等数据，很多罕见病患者经历了漫长的医学检查和诊疗程序才能得到诊断。一项英国近期研究显示，46%的患者超过一年才能得到诊断，20%的患者等待超过5年，12%的患者等待超过了10年。

另一个挑战是用于测量患病率或发病率的研究方法之间缺乏连贯性，没有完整记录所使用的研究方法，混淆了出生时的发病率与终生发病率，甚至混淆发病率和患病率数据。预测者还必须谨慎处理数据的偏倚。如果把奠基者效应（将在下一章讨论）用于人群，那么多数疾病的患病率可能会高估。

这对预测者意味着什么？如果患病率根据已经诊断的患者人数确定的，那么会存在低估市场规模的风险。由于真实患病率数据稀少，常常导致在不同的资料中会发现彼此冲突的数据源，那种大样本量和多个研究能给数据分析带来的鲁棒性更是根本不存在。在这种情况下，预测者需要使用区间预测法，并且需要就潜在的不确定性与关键决策者进行沟通。详见第二章内容。

首先，预测者在对罕见病建模时应考虑到的路径是奠基者效应，在群体遗传学中，奠基者效应是遗传漂变的一种形式，是由少数个体的基因频率决定了他们后代中的基因频率的效应，是一种为数不多的几个个体所建立起来的新群体所产生的一种极端的遗传漂变作用。将这个概念用于罕见病，我们注意到患者亚群中某些疾病的高发率。例如，美国的阿米什人，他们从很少的几个奠基者繁衍而来，没有新的加入者，仅在社区内通婚。同美国人口相比，在阿米什人社区中多指畸形（多手指、多脚趾，称为艾—范综合征）的现象非常普遍。在美国，18000个婴儿中就一个槭糖尿病患者，这种疾病在阿米什人、门诺派信徒、犹太血统中具有高患病率。德系犹太人患泰伊-萨克斯二氏病的概率要更高，泰伊-萨克斯二氏病是一种与神经鞘脂代谢相关的常染色体隐性遗传病，以神经元的肿胀退化死亡为特征，是一种致命性的儿童疾病，在很多种罕见病中可以观察到奠基者效应。

对于表现出奠基者效应的罕见疾病，预测者应首先识别处于危险中的亚群开始，并将患病率数据应用到相应的亚群中。基本上，预测者先要把亚群细分，再应用预估的患病率。

其次，获得流行病学数据的路径是使用患者团体和资源，如Orphnet——一个可以免费获取、在线的杂志，会发表一些选定的罕见病最新进展的综述。Orphnet有多个国家的参与者，可以分类提供罕见病的患病率和其他数据，还有一些政府和私人机构可以提供罕见病的信息，表5.2列出了一些信息来源。此外，患者团体也可以由倡导者为牵头人为疾病建立文献库，这也是预测者的信息来源之一。

表5.2　有代表性的罕见病信息来源

地区或国家	组织和机构
澳大利亚	澳大利亚遗传支持协会（AGSA）
加拿大	加拿大罕见疾病组织（CORA）
中国	中国罕见病研究联盟
欧盟	欧洲委员会公共卫生和风险评估理事会
欧盟	欧盟罕见病专家委员会（EUCERD）
欧盟	欧洲药品管理局（EMA）
欧盟	欧洲罕见病组织（EURODIS）
法国	法国国家健康与医学研究院（INSERM）
全球	国际罕见病研究联盟（IRDiRC）
日本	日本难治性疾病信息中心
南非	南非罕见病基金会（SAFRD）
美国	罕见病研究办公室（ORDR）
美国	全球罕见病患者注册和数据知识库（GRDR）
美国	国家罕见病组织（NORD）
美国	遗传联盟注册处与生物库（GARB）

目前很多疾病是没有诊断方法也没有诊断工具的。很多罕见病没有开发诊断编码的描述方法，因此预测模型的校准与验证变得很有挑战性。尽管基因技术对于罕见遗传病的治疗贡献在显著增加，但是把这些技术用于临床治疗还有很长的距离，这也是对预测者校准与验证预测模型的挑战。

有些治疗领域的患病率具有更好的鲁棒性，包括肿瘤、心血管疾病、感染性疾病、移植。在这些治疗领域中，传统获得患病率和发病率数据的方法是有效的。这并不意味着患病率数据的不确定性可以得到消除，但是意味着由于患病率数据的不确定性导致的预测不确定性会相对减少。

产品市场份额和市场渗透

当孤儿药在市场上首次出现时，市场份额的计算是相对简单的。因为在孤儿药意味着只有这种药可以治疗患者，没有竞争对手，意味着市场份额是100%。收入的增长是来源于识别更多的患者并给予治疗，而不是从其他的产品中抢夺已经接受治疗的患者。

近年来，对新上市药品的孤儿药认定吸引力已逐渐演变成竞争活动的加剧，由于很多产品被认定为孤儿药，竞争很可能会加剧，不是说一个适应证会有数十个竞争药品，但是可以肯定会有2～3种药物干预的选择。随着竞争加剧，预测者可以使用第三章中讨论过的任何一种产品份额预测方法。

孤儿药的一个独特之处是市场份额与营销活动的联动关系，在传统市场上，营销活动主要面向处方医生。在有些允许直接面向消费者的广告宣传模式（DTC模式）的国家，一些营销活动也是直接面向患者的，在孤儿药处方决策中有多个利益相关者的广泛参与（表5.3）。获得且患者依从是评估孤儿药市场成功的标准，同非孤儿药相比，这种标准要求面向孤儿药利益相关者的营销活动需要更具有针对性。从预测者的角度来看，这简化了资源分配对产品市场份额的影响，但是需要调整预测的重点，转向那些会受资源分配影响继而对市场增长产生影响的变量（如患者识别、诊断、治疗等）。

表5.3　孤儿药处方决策的利益相关者

利益相关者	影响程度	原因
内科医生		作为专家，通常会关注孤儿疾病，对疾病十分了解，是重要的疾病治疗决策者
患者	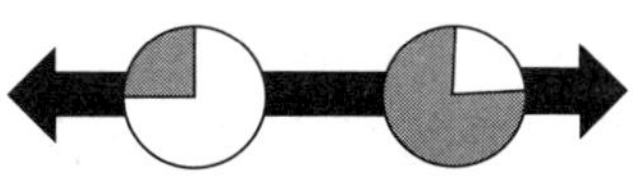	患者非常了解孤儿疾病（诊断后），但是他们了解的深度依赖于可获得的、可选择的产品，以及产品在疾病预后、有效性、副作用方面的不同

续表

利益相关者	影响程度	原因
患者团体		通常，充当患者群体的“代言人”的角色；为遭受痛苦的患者提供识别和治疗方面的主动支持
照顾者		能够影响使用的支持系统，但不太可能偏离医生 / 患者的偏好
支付方		关注成本，尤其是孤儿药的昂贵疗法，但是不太可能干预处方，因为产品很少，且几乎没有替代品

通常，预测者会假设孤儿药有一个快速的市场渗透率，这与第三章讨论的快速渗透特征一致——典型的危及生命的高度未满足治疗需求。快速渗透的假设在短期内不会改变，但是如果医保报销情况发生显著变化，市场渗透速度可能会下降，这依赖于医保报销限制的严格程度。

有意思的是，孤儿药市场渗透速度在各国有所不同。2013年，马修及格拉斯等人研究了法国、德国、西班牙、英国的孤儿药市场采纳状况，结果显示孤儿药的市场渗透速度与国家的市场化程度有显著的统计学关系——负相关，这意味着孤儿药在市场化程度低的国家（例如欧盟国家）会比美国有更快速的市场渗透曲线。

价格和报销的敏感性

考虑到罕见病的人数比较少，销售规模也会比较小，孤儿药的最终定价都会比较高以便能收回投资。然而，因为患者人数少，孤儿药对总体医疗支出的贡献度并不高。2007年，奥罗菲诺等研究了38种孤儿药的每个患者年均花费，这些药至少在欧洲的一个主要市场上市（包括法国、德国、英国、意大利、西班牙）。其结论是，尽管孤儿药的年平均花费比较高，也仅仅占2007年平均药品支出的2%以内（这些孤儿药可以治疗了45种疾病，约250万人受益）。

2007年之后，孤儿药获批的数量显著增加，孤儿药的总体医疗费用支出也相应增加，尽管还没有大规模的仔细观察，在未来，迫于孤儿药数量增加带来高额药品支出的压力，人们有理由期待更低的定价。这个假说在2011年进行了测试，作者猜测，制药行业在短期内会有所变化，无论是由于主要价值定位的转变还是由于立法/法规修正的影响，目前用于预测孤儿药收入和成本的模型在将来需要做出改变，要解释这种变化对现有定价、报销和刺激方案不可避免地会产生的影响。然而，他的结论是在五年内不会得到支持的假说，十年之内也不太可能发生（从2011年开始）。实际上，2010年发表的一篇研究了美国市场的论文，结论是，很难想象孤儿药被保险项目拒绝的场景，然而，当新品上市后，且经济疲软、预算削减时，支付方的审查可能会增加。作者进一步判定，支付方的反馈肯定会变化，但是会与涉及预先授权、联合支付、联合保险、患者现金支付。

除了政府或私人保险项目，很多制药公司会采取患者援助计划，帮助延缓部分治疗支出。这些支付方援助计划帮助患者支付部分治疗费用，以便于减少现金支付。

这对预测者的意义是什么？目前，传统的预测孤儿药价格和医保报销限制的方法是，当设定一个可接受的价格水平时，几乎不会有报销的限制而导致部分患者被排除在外，受益人群变小。预测者需要努力捕捉到随着孤儿药数量的增加，价格压力将增加的迹象。近来，已经出现了一些案例，保险范围不包含在超适应证中使用孤儿药。当这些情况出现频率增加时，预测者需要对与患者有关的支付方进行细分，从而在价格敏感细分市场限制药物使用。

生物类似药

生物类似药通常源自活细胞的大分子，用于治疗、诊断、预防疾病。生物药包括治疗性蛋白质、主DNA疫苗、单克隆抗体、抗体和融合蛋白。生物药比小分子药更大，结构更复杂，对生产和处理条件十分敏感，这使得它们比小分子药更难以描述特征和生产。生物药通常是由基因改造过的，因此是独特的细胞生产的。

如今已有数百种生物药获批，治疗领域包括肿瘤、类风湿性关节炎、银屑病、多发性硬化症。2013年生物药的销售额达到1650亿美元，占全球品牌药市场的25%份额。前十名生物药物占总收入的33%（表5.4）。生物药收入的潜力引发了企业持续开发新产品、将新产品引入市场的巨大兴趣。

表5.4　2013年全球收入前十名生物药

产品	全球收入（百万美元）
Humira（阿达木单抗）	11014
Lantus（重组甘精胰岛素）	7592
Enbrel（依那西普）	8572
Remicade（英夫利昔单抗）	8217
Rituxan（利妥昔单抗）	7503
Avastin（贝伐单抗）	6751
Herceptin（曲妥珠单抗）	6562
Neulasta（非格司亭）	4392
Lucentis（雷珠单抗）	4206
Novolog（门冬胰岛素）	3001

专利已经到期或即将失效生物药的数量在持续增加，这强化了企业开发新的生物药的兴趣，如表5.5所示，美国市场中十个销售最佳的生物药中的九个2020年前会失去专利保护。

表5.5　美国生物药专利失效期

产品	专利失效期
Humira（阿达木单抗）	2016
Lantus（重组甘精胰岛素）	2015
Enbrel（依那西普）	2028
Remicade（英夫利昔单抗）	2018
Rituxan（利妥昔单抗）	2016
Avastin（贝伐单抗）	2019
Herceptin（曲妥珠单抗）	2019
Neulasta（非格司亭）	2015
Lucentis（雷珠单抗）	2019
Novolog（门冬胰岛素）	2014

世界卫生组织对生物类似药的定义是指在质量、安全性和有效性方面与已获准注册的原研药（参照药）具有相似性的治疗用生物制品。欧洲药物管理局、美国食品药品监督管理局对生物类似药的定义与世界卫生组织很接近。生物药高度复杂以及分子结构的不统一性，不存在仿制品，仅存在生物类似药，这点与仿制药不同。

世界卫生组织、欧洲药物管理局、美国食品药品监督管理局都起草了生物类似药研发和监管的指南。尽管细节有所不同，但所有的指南都包括参照药的标准（已经获批的生物原研药）、质量、非临床数据、临床研究、药物警戒、风险管理。

欧洲药物管理局是第一个实施生物类似药市场批准框架的主要监管机构，它的研发和监管指南已经在其他国家使用，如澳大利亚、加拿大、日本、南非。2006年，欧洲市场上第一个生物类似药获批。美国食品药品监督管理局对生物类似药的监管权限于2010年签署成为法律，同时美国食品药品监督管理局发布了生产生物类似药的指导文件。

替代和互换

当生物类似药获批上市，预测者需要关注生物类似药与原研药的替代和互换，这是与预测小分子药会遭到仿制药侵蚀市场一样的情形。尽管“仿制药侵蚀”这个词不适合用于生物类似药，因为生物类似药与参照药疗效并不完全等同。

有很多种力量可以影响替代率和互换率，如图5.4所示，在确定生物类似药的替代率和互换率的时候，预测者需要考虑这些因素带来的压力。

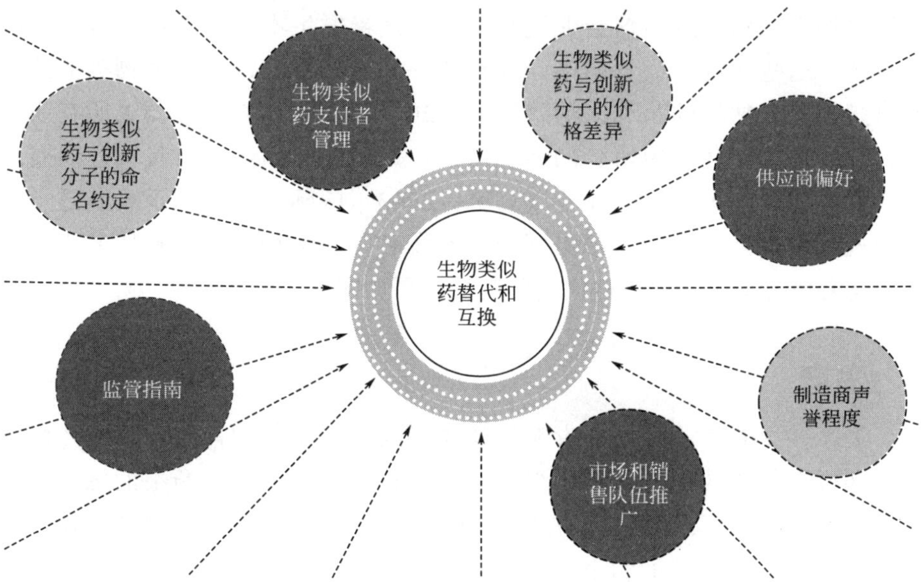

图5.4　影响生物类似药替代和互换的因素

监管指南和命名约定

监管指南在批准生物类似药进入某一市场中起到关键的作用，因此是预测者确定替代率的起点。在目前主要的药品市场中没有通用的指南，所以预测者必须逐个地核对市场，以确定生物类似药是否可能在某一市场上市。

在欧洲，是在国家层面做出是否允许替代的决定，德国和西班牙禁止生物类似药与原研药的自由替代，英国和比利时建议医生按照品牌开处方以避免替代，其他国家的指南没有清晰约定。在美国，美国食品药品监督管理局可以指定一个生物类似药作为互换的产品，但需要满足如下条件：推荐的产品与参照药生物性相似；推荐的生物类似药在任一患者中的临床效果与参照药相同；对于一个患者给药超过一次的生物产品，在生物类似药与参照药交替或转换使用之间的安全性、疗效减弱的风险不能高于仅使用参照药（不交替或转换）。日本要求在上市后监测期内避免生物类似药的替换使用。

除了监管法规对替代和互换的要求，生物类似药的命名也可以发挥作用。这让人想起过去，小分子药物的不同商品名可以用来影响市场动态变化，例如平行进口。目前，一个新的生物类似药的国际非专属名称可以与原研生物类似药一致。这会促进替代，但是当发生不良事件报道时，无法清晰辨别这些药物。监管指南已经日益关注这种情况，确保生物类似药与原研药相比有独特的名称来消除混淆。2012年，欧洲委员会要求所有成员国区分生物类似药与原研药的名字。同年，美国食品药品监督管理局要求生物类似药应有可辨别的非专属名称。2013年国际卫生组织正式通过一项政策规定生物类似药应有可辨别的非专属名称。生物类似药独特名称的出现可能会使得生物类似药替代原研药变得更加困难。

生产

生产过程的复杂性也能影响生物类似药对原研药的替代。就像之前讨论的那样，原研药的生产过程很复杂，生物类似药的生产商不能进入原研厂家的细胞库和/或克隆用于生产生物类似药，而且精确的发酵和纯化过程会有所不同，导致制剂的不纯或存在非活性成分，这也会引发生物类似药与原研药会有不同表现的担心。

生产过程的复杂性也提示预测者关注另外一个影响因素，也就是，生物类似药与原研药的价格不同。由于生产过程的复杂性，生物药的成本远远高于小分子药。小分子化学仿制药物市场上，厂家常常给患者大幅的价格折扣，生物类似药生产商如果这样做的话，财务上是不可行的。事实上，生物类似药一般是原研药价格的65%～85%。由于缺少显著的价格差，同小分子化学药市场相比，生物类似药的替代率低一些。

支付方管理

在罕见病领域，支付方已经越来越在意药物尤其是生物药干预的成本，支付方在小分子药物中已经实施了很多的成本控制机制。在将来，有理由相信支付方对生物类似药也会采取类似的办法。在某种程度上，支付方会决定使用替代或者互换作为一种成本控制的机制。预测者必须把这些动态因素整合进入收入预测模型，分析方法与第三章讨论的小分子仿制药物市场侵蚀类似。

生物类似药预测的动因联合分析

在预测生物类似药对原研药的影响时，上述驱动因素的组合决定了替代率和互换率。图5.5提供了一个分析框架。图左侧的因素越多，替代率越

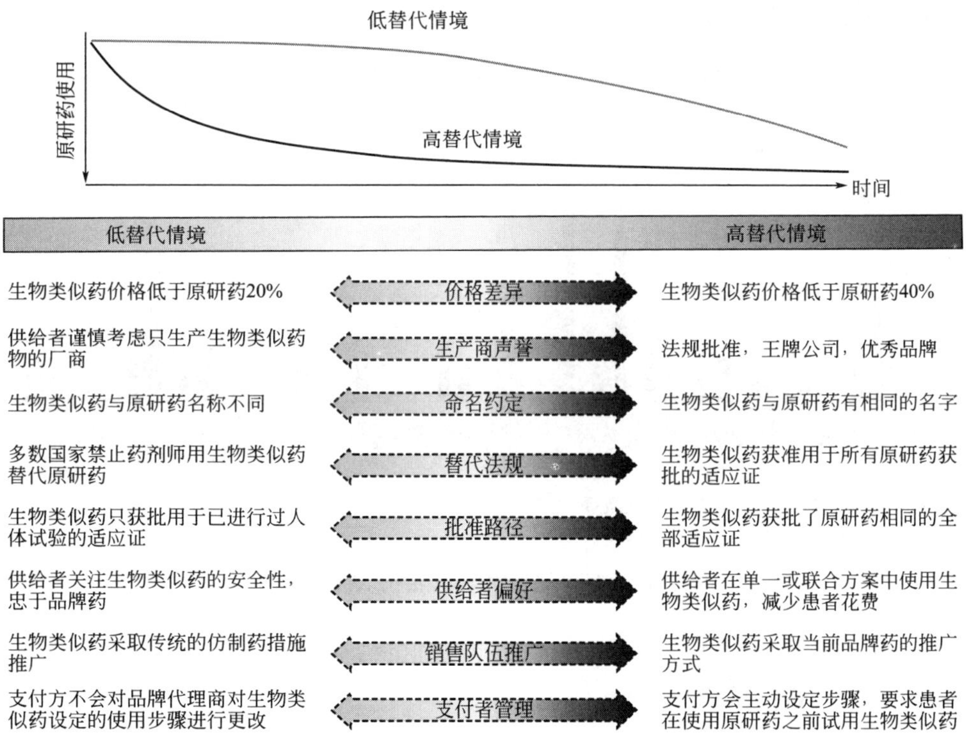

图5.5 生物类似药预测的驱动因素分析

低；图右侧因素越多，替代率越高。在决定生物类似药替代的程度时，预测者应将形成替代的基础因素按照图中的维度绘制成替代因素影响图，类似于我们在第3章中讨论过的采用曲线模拟图（图3.19）。

还有一些文章使用理论框架来预估生物类似药市场渗透的程度。格拉鲍夫斯基等使用垄断竞争模型来解释，在面临生物类似药市场竞争时，多大规模的成本投入能遏制其他竞争药品的进入，以及面对其他竞争药品时价格侵蚀程度较低。作者预估在面临生物类似药竞争时，原研药的销售额会减少40% ～50%。

第二种理论框架是肖汉等提出的。方法是，使用细分市场模型，将生物类似药面对的市场情况分为价格敏感和价格不敏感两部分。在价格不敏感市场，患者的忠诚度高，愿意为原研药付出更高的价格。在这个模型中，作者认为生物类似药对原研药价格的侵蚀度会达到50% ～60%。

与我们在第三章讨论的渗透曲线一样，调查生物类似药的实际用药数据很有指导意义，图5.6详细地列出了在欧洲一些国家三个生物类似药的市场渗透情况。作者调查了促红素、非格司亭、生长激素产品，对限定日剂量的销量为指标做了比较。

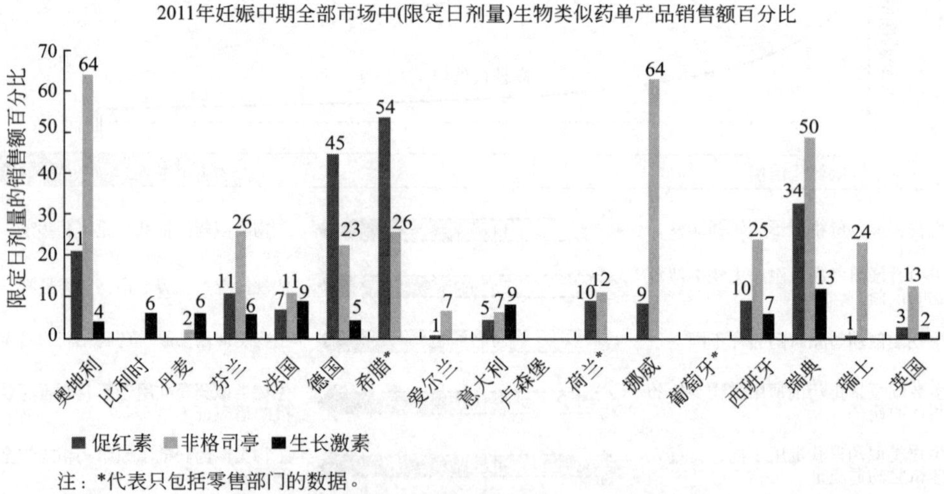

注：*代表只包括零售部门的数据。

图5.6 欧洲市场生物类似药的市场渗透现状

这些数据呈现了生物类似药市场渗透区间，作者调查了不同国家的驱动和障碍因素，结论见表5.6。

表5.6 市场渗透的驱动因素和障碍因素

驱动因素	障碍因素
按照药物类别固定价格和医保报销水平	担心有效性和安全性，例如，生长激素的市场渗透较低，原因是医生担心儿童长期使用的安全性
显著的价格折扣（例如梯瓦公司在挪威销售的生物类似药非格司亭是安进公司产品 Neupogen 价格的 50%）	在药剂师层面禁止自动替代，或限制给新患者的首次处方
医院或区域招标重点关注价格	原研公司的净价竞争
实施处方定额（例如，促红素，德国）	国家或地区指南或政策限制生物类似药使用
针对临床医生开展的生物类似药教育会议和出版物宣介	缺乏合适获得信息传播渠道

这些对生物类似药的市场预测意味着什么呢？类似于第三章讨论的采用曲线，这说明了无论是对生物类似药的快速渗透持支持或反对态度的争论，都有一些指导原则可以参照。然而，当我们仔细检查获取的数据时，会发现每个实例中都有自己独特的背景原因，预测者必须深入探究这些原因并在预测产品过程中调整这些原因在具体预测中的适用性。

6 对未来的思考

对于预言，我总是很犹豫，特别是在预言未来时尤其如此。

马克·吐温

我认为，预测时所犯的最大错误是没有意识到事件概率比大家已认识到的重要性还要重要。

保罗·萨缪尔森

在前面的章节中，我们讨论了预测面临的挑战和预测者应对这些挑战时可采取的方法。本章将把这些知识应用到对预测的未来进行预测。医药行业预测在未来将走向何方？

复兴的时代

已上市产品预测的原则之一是，通过回顾历史数据我们可以获得一些启示，通过审查历史数据，我们可以深入了解产品性能和产品对各种外部（趋势外）事件的反应。那么我们能从对预测本身的回顾性分析中学到什么呢？

随着环境的变化，预测也随着时间发生演变（见表6.1）。在20世纪70年代，医药市场相对简单，无需复杂的战略规划。到了20世纪80年代，全球经济的迅速发展和限制不严的药品定价加速了产品的增长。由于很多公司陶醉于商业上的成功，预测需求仍处于较低水平。

在20世纪90年代初，医药行业的压力开始增大。经济的萎缩、药品价格压力、产品竞争压力的增加和多数产品营销独占权的到期等因素刺激了对更准确的规划和预测的需求。在经历了预测需求低谷的历史阶段后，行业开始努力发展预测科学，而由于整个行业在预测领域经验不足，导致了失望情绪的出现。

表6.1 各个时代的预测

年代	预测
1970s	无规划时代
1980s	幻想时代
1990s	失望时代
2000s	复兴时代
2010s	大数据时代

20世纪90年代末和21世纪初，我们见证了预测的应用性及复杂性的增长。为应对整个行业的商业压力，对未来的战略性规划显得愈加重要，预测也成了战略性规划职能的重要组成部分。针对这种需求，预测者可用的工具和方法也变得越来越复杂，并且对各种战略选择进行建模分析成为可能。

在21世纪的第二个十年中（2010—2019），医药行业的预测者可使用的数据量呈爆炸性增长，涵盖了从患者级别的数据至记录临床实验及产品研发的更复杂的数据集。在那些数据仍然很少的国家，我们也能看到有一些不成熟的、无法比较的数据开始涌现，随着信息技术的发展，这些国家（如中国、印度和俄罗斯）的数据将更容易获取，并可以应用到对新兴市场进行预测的标准预测模型中去。

如今，这种复苏势头仍在继续。预测已经成了企业未来规划工作的基石，如战略规划、业务发展及组合优化等。预测者可用的数据大大增加了，涵盖了从医生层面的处方量数据至患者层面的消费数据。预测者可用的流程、工具和方法继续不断发展，并积极推动预测的功能从一种纯数字的运用转变为一个辅助战略决策的工具。

预测者的角色也随着时间推移而发生演变，并将在未来继续不断进化。在具备前瞻性思维的企业里，预测定位已不再是简单的操作电子表格；相反，预测者演变成了创作未来全景画的画家。

创作故事，而不是创建电子表格

在前言部分，我们问过“预测是什么？”，并列出了一些可能的答案。在随后的章节中，我们讨论了预测者回答这个问题时可用的流程、工具、方法和分析，但正如我们所见，这些流程、工具、方法和分析都会因企业内不同职能部门对预测的多种需求发生变化。尽管存在这种变化，每个答案都涉及两个基本概念，即把握用户友好性和技术复杂性之间的平衡，并让决策者明白预测的不确定性。

在这个总结性的章节里，我们提出一个不同的问题，“预测者的工作是什么？”其中一个最普遍的答案是“准确预测未来”，但这只是部分答案。正如我们所见，预测者的工作将更加全面，需要创造一个逻辑框架，以便定量评估未来事件。预测者的工作是创作故事，用它为未来描绘一幅全景图，而不仅仅是创建简单的电子表格。

我们可以通过一个简单的例子来说明。假如有三个项目，其预测值如图6.1所示（按风险调整后的净现值来测量）。项目C的风险调整后的净现值最高，并比其他项目更值得优先选择。

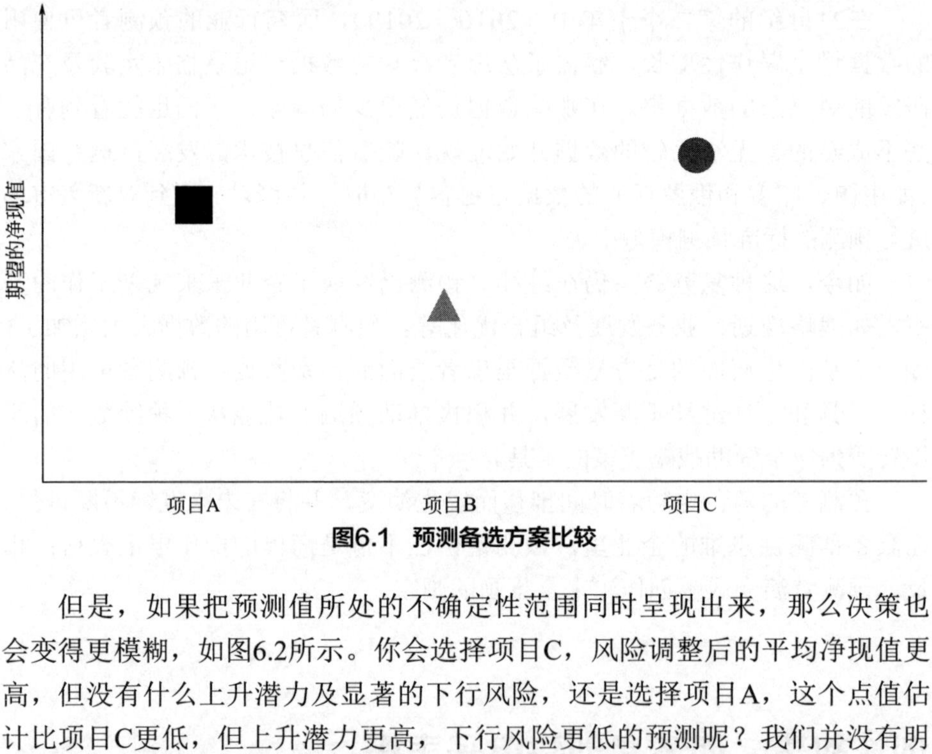

图6.1　预测备选方案比较

但是，如果把预测值所处的不确定性范围同时呈现出来，那么决策也会变得更模糊，如图6.2所示。你会选择项目C，风险调整后的平均净现值更高，但没有什么上升潜力及显著的下行风险，还是选择项目A，这个点值估计比项目C更低，但上升潜力更高，下行风险更低的预测呢？我们并没有明确的答案，如何选择取决于决策者的风险偏好和企业的风险承受能力。

预测者要怎样帮助决策呢？要将每个产品预测背后的“故事”与决策者进行交流，而不是简单的报告预测值。那什么导致了不确定性的产生呢？这些不确定性能否在规划过程中得以解决呢？不确定性的范围如何确定？是什么原因造成了项目C的平均值趋向不确定性范围的高处？这些都是决策者必须要提出的关键问题。预测者的作用就是，讲清楚每个产品背后的故事，为决策者提供更多的信息。

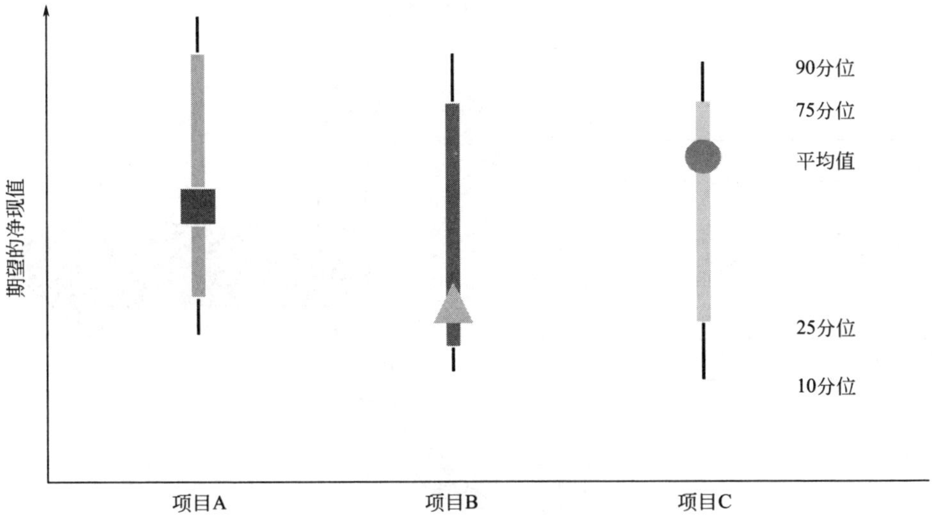

图6.2　预测备选方案与不确定性范围的比较

预测者讲述的故事可能就像上述例子一样简单，也可能是一个更复杂版本的未来。在后一种方法中，预测者开发了不同的未来情境，并评估产品在“可供选择的未来”中可能的表现（和不确定性）。

雇用一名科幻作家

迈克尔·施拉格说过，他宁愿“雇用一个好的科幻作家”，就像这个极具挑衅意味的评论一样，战略性预测的关键是要思考可能会发生的未来，这样公司才可能更好地规划未来[1]。虽然科幻作家可能很难向医药预测做出直接贡献，但是“可供选择的未来”这个概念越来越多地被用于战略性预测。

什么是“可供选择的未来”呢？有时，这个概念也称博弈理论或战争游戏理论，使一个组织能够评估为未来制定的不同战略。预测者已经善于从历史数据和专家判断中获得经验教训并评估它们对结构性模型的影响，通过使用这些技能，将未来（可供选择的未来）的不同情境组合放在一起

[1] M. 施拉格，利用电子表格解决实际问题，洛杉矶时报，1991年4月11日，D版，第一页。

进行组合识别，预测者就可以使企业做出更多的战略决策（见图6.3）。

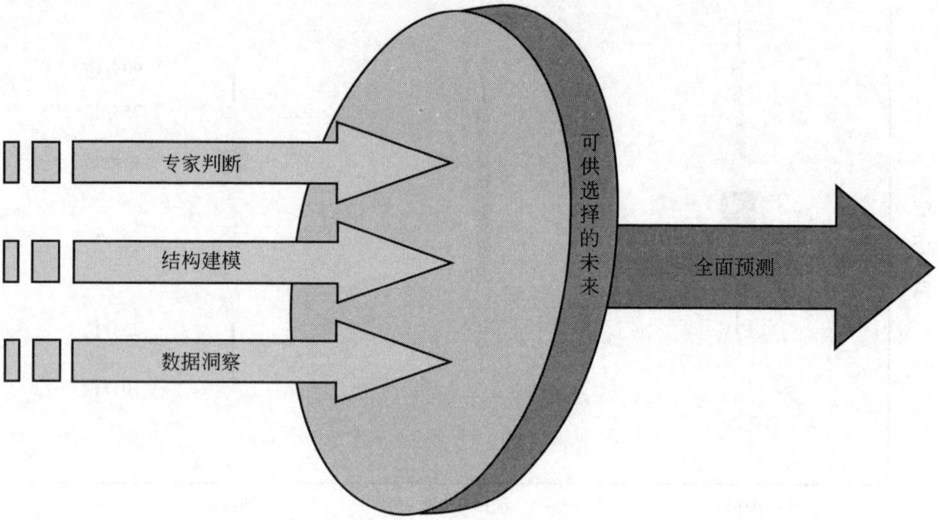

图6.3 预测的未来

全面预测

在第1章，我们讨论了预测在不同的职能部门里推动决策的作用。在第2章，我们讨论了一系列的流程、工具和方法，借助它们，预测者就可以创造更有深度的预测。在第3章和第4章，这些方法被应用到新产品和已上市产品的预测。在第5章，我们讨论了新的市场形势给预测带来的一些新的挑战。

多样化的决策者、复杂的方法、广泛的相关性以及战略落地这些概念的融合为企业创造了巨大的价值和竞争优势。预测的未来在于转型，即从简单的数字报告转型到整体框架展示，以便于在这些框架中评估可能发生的未来。

7 PharmaCo制药公司预测案例研究

星期二

> 莎伦·斯宾走出五楼电梯，向行政秘书匆匆一笑，便拐过墙角走向会议室。对今天上午和市场营销副总裁的会议，她感觉胸有成竹。她重新握紧手上的笔记本电脑包，清清嗓子，然后轻轻地穿过那两扇核桃木做的大门走进会议室。

莎伦已经为公司的医药销售部门工作了近十年，六个月前刚被晋升为预测部主管。作为一个明星销售代表，她凭借自己的努力，一路晋升到纽约州北部的区域经理。多年的销售经验使她对营销策略和产品未来的市场表现有很好的直觉。但她发现，相比她以前熟悉的预测方法，现在的预测似乎更偏于量化。现在，她的工作职责是预测PharmaCo公司生产的药品的市场表现，以及预测最近已上市的产品收入，这些产品背后还有一些历史销售数据作为支撑。昨天午饭过后，她收到电子邮件，叫她参加今天上午的会议，但信里没有提到任何细节。市场营销副总裁布莱恩·诺兰只是简明扼要地在信里写道"我们对产品预测有些新想法，希望你能来看看。"

以肯定的语气说了句"大家早上好！"之后，莎伦就背靠窗坐到了营销团队的对面。出现在她眼前的是一个小文件包，上面印有代表公司的三色图案和一个标题:"2014年产品组合预测"。接着，布赖恩·诺兰开始讲话，他说，"早上好！莎伦。很抱歉这么仓促地把你叫来，但是你也知道，我们公司正处在转型阶段，公司业务发展非常迅速。我们正在考虑让Steadertin这种药提前上市，并且我们还不清楚，Focalitine这种药在专利到期后的市场表现会怎样。但这还只是冰山的一角，所以我就开门见山了，莎伦，我们希望你能对整个产品组合进行预测。也就是说，包括了Steadertin、Focalitine以及其他药。”

“那这件事的大致时间表出来了吗？”莎伦问道，一边看着布莱恩，一边把手伸到公文包里去拿笔。

“三个月！”会议桌中央的三角形会议电话里突然传出咆哮般的声音。这是PharmaCo公司首席执行官派姆·普特南的声音。“现在你放下手上别的事，优先考虑这个问题，莎伦。我希望你召集一个预测团队，并在6月份前给我们一个结论。你能做好吗？”

“当然！”她毫不犹豫地答道，“我能做好！”

“太好了！我会让布莱恩告诉你相关的细节。祝你好运！”一声尖锐的滴声后，电话那头挂掉了。莎伦张着嘴，回头看着布莱恩·诺兰，右边的眉毛也微微翘起。

“太棒了！我们可以开始了吗？”诺兰双手拿起他的公文包，把资料整理了好几次，才把它们叠整齐。莎伦也跟着一起做，同时脑海里已经在整理晚些时候要发给各位产品经理、市场研究经理和分析师的数据了。

星期三

早上七点半，莎伦插上笔记本电脑电源，一边查邮件，一边自言自语“有谁会在昨晚十一点到现在这段时间给我发邮件呢？”结果发现，只有一封健身俱乐部会员升级的邮件。她点了删除键，然后挺直身体，打开她的工作计划表，再回顾一下昨晚已经写好的工作议程。

她特别关心的问题是建立与Cytoflux需求量相关的要素模型。莎伦需要创建一个生产量预测模型，使其接近分销商的实际需求。要做到这一点，她必须调整需求量预测（正如她即将要为Steadertin进行的预测一样）和实际出货量之间的差异。她手上有零售商和医院的分销渠道数据，这些数据覆盖了Cytoflux在2012~2013年总销售额的95%左右，她需要这些数据来计算调整后2014年的需求量预测。这部分似乎还是比较容易的，因为只要查看历史数据，找出其中的趋势即可推断出2014年的需求量。她很清楚需求量数据的预测并非是对数据进行全面性普查，而是对数据运用一些可以强化数据的要素。在回顾Cytoflux的数据（展示图1、展示图2）时，她皱起了眉头，试图抑制继续上升的工作压力。每当感到有压力时，莎伦总是有一种强烈的冲动要逃到大堂边上偏房里的依云矿泉水自动售货机那里去。“时间紧迫。”她压抑住了自己内心的想法，回到工作任务，试图读懂诺兰给她的图表里的线条和柱状图，盘算几分钟后，莎伦在工作计划表里又加入一个项目，转身去拿周二会议上带回来的文件包。

她开始处理Steadertin上市的事务，这将是短中期PharmaCo公司最大的收入来源。诺兰在昨天的会议上强调过，因为增加了额外的优化步骤，生产成本会比他们预想的更高。他还特意让她在本周结束前，准备一份生产需求量报告，以便他们能更好地处理下一季度的预算问题。“我们真的需要一份准确的预测”，这句话一直在她脑海里回荡。

她打开存放预测文档的电脑磁盘，点开了文件名为“基于患者的Steadertin预测”的文件。她现在要把患者人数转换为生产量，但如何转换呢？“让我想想，”她自言自语道。“我知道患者每天服用Steadertin，每日一次。那是每个患者一共会服用多少片药呢？”幸运的是，她有类似药物有关治疗天数的数据，她可以将其运用到Steadertin上来，可以据此得到依从性，再根据依从性得出生产量（见展示图3）。

除了这些产品的事以外，诺兰表示还关注Focalitine的处方总量水平的趋势，因为在过去的两年时间里，这个趋势有些让人看不懂。“莎伦，你来看看这幅图。我们得到了有关Focalitine的最新数据，我很担心这种趋势。你可以看到越来越多的患者正在接受多动症治疗，他们应该在用我们的药，但实际上他们没有。处方总量数量在不断下降，我不知道这是不是因为出现了仿制药的缘故。莎伦，你看下Cytoflux。它的情况刚好相反。你看这个，它的现金销售上升的比处方总量还要快。如果我们所有的产品也能像这样，那该多好！”她拿出文件包的图表，并考虑打电话给这些数据的供应商，看他能否在明天早上拿到一些快速数据。与此同时，她在想，诺兰说的有关Cytoflux的内容是否准确。她似乎觉得，拿Focalitine和Cytoflux比较，就像在比较苹果和橘子。“是啊，我最好还是给数据供应商打电话吧”她心想（见展示图4和展示图5）。

吃完午饭，莎伦发现一封电子邮件，内容是市场调研部的玛姬 · 劳恩找到一些她想要的数据，数据只差一点就完整了。昨天会议结束后，她要求市场调研团队编写一份精神分裂症市场环境里已上市产品的清单，同时列出它们各自的市场份额。她还让他们把一周前让他们做的采用曲线的结果给她。最后，她要求团队评估一下Steadertin将从每个竞争对手的产品里抢过来多少市场份额。

玛姬解释说，“我们想出了几种方法来计算Steadertin从每个竞争对手那里抢到的份额，但我们觉得最好还是你来决定用那种方法。我把表格粘贴在了采用曲线的下方。祝好！玛姬。”莎伦抿了口脱脂香草味拿铁咖啡，并且打开了玛姬邮件附件里的Excel表格。她点点头，一边浏览表格，一边在心里整理思路。除了市场份额窃取分析以外，她注意到玛姬的渗透模式原封未动。她欣喜地发现，市场研究小组和她一致认为，鉴于其新的作用机制和预期的积极推销行为，Steadertin的渗透模式很可能与立普妥相同。附件底部还有一行字：“需要注意精神分裂症处方总量在过去两年有所增加，但治疗天数的增长却已然落后。这点重要吗？”文字下面是有一张趋势图。为什么处方总量和治疗天数不平行？大概还有些东西需要研究（见展示图6）。

莎伦在街对面和朋友琼吃完晚饭后，就回到办公室。她坐到电脑旁，取消了休眠模式。电脑发出哔哔声，闪了一下，屏幕又回到工作状态了，上面显示着Focalitine的自相蚕食表，这是她晚饭前建好的表格。她想找出的是，如果这种每周服用一次的药上市的话，有多少使用目前剂量的患者会被抢走（见展示图7）。她从预测档案（展示图8）中拿出了一张和Listromycin类似的表。正是Listromycin帮助PharmaCo公司在2000年代初期取得了成功。现在专利保护过期了，由于仿制药的出现，目前的市场份额都是原来剩下的。莎伦粗略地看了下这份资料，因为它在结构上和自相蚕食表相似。穿过大厅，PharmaCo公司的营销分析师香农关掉了她办公室的灯，并把她的转椅推进了办公桌。“莎伦，又加班？”她问道，双手提了提肩上的背包带。

“你明白的。”莎伦用单调的声音回答道，眼睛仍盯着电脑屏幕。

“不要工作得太辛苦了！晚安。”

星期四

“你好！莎伦。我只是想知道上周二开完会后，我们现在的进展如何了。”

“在已上市产品方面，我已经做了一些工作，布莱恩，现在我主要把精力放在尚未上市的产品上。一切看起来都还进展得挺顺利。”

“非常好，我明天要去波士顿开会，周一之前我都不在办公室，有什么事情尽管跟我联系，好吗？”

“当然，布莱恩，回头再聊。”莎伦挂了电话，重新回到流行病学资料上，她检索了很多文献，然后把搜集到的资料制成表格。她正在看从精神分裂症诊断率得出的图表。尽管在过去几年中，诊断率在稳步上升，但确诊患者的总数却在减少。此外，流行病学数据表明，精神分裂症的患病率一直在上升（见展示图9）。怎么会出现这种情况呢……这对Steadertin又意味着什么呢？莎伦也不得不对Steadertin进行完整的预测，以便为其上市策略做准备。上周，她和营销团队的很多成员碰过头，为这项任务起草了一项议程。他们产生了分歧，玛姬·劳恩建议采用基于患者的模型，露丝·布兰泰瑞曾经也担任过莎伦现在的职位，她认为还是用基于处方的模型更好。在论证过程中，莎伦试图对每种方法的利弊进行梳理，她必须下定决心，因为她只打算把凯瑞或露丝中的一位招入预测团队。

在那次会议上，他们还讨论了可以用来预测Steadertin市场份额的不同方法。在讨论这部分内容时，大家相互都很配合，因为他们一致认为依靠直觉得出的结果会太不准确。这种方法是很迅速，但是非常粗糙，而且感觉很廉价。根据他们的经验，还能找到更好的数据来源，另一个问题是，吉恩·麦克纳里去年秋天就已退休。以前，他对这类事情的直觉最敏感。话虽这么说，现在回想起来，吉恩的直觉也并非总是最优的选择。

桌子上还有另外两个预测市场份额的方法，团队决定要列出每个成本效益分析的优势和劣势，多少有点定性的意思。第一种方法测量峰值份额和达到峰值份额的时间。第二种方法是属性评分法，相对比较复杂一点。莎伦有过使用属性评分法的经验，因此她对输入属性部分最有准备。他们花了大约一个小时讨论这两种方法，现在她坐在办公桌边，看着那次会议所做的一些笔记（见展示图10）。

由于PharmaCo公司在预测上市前的产品时曾出过问题，因此莎伦在如何进行预测上比较谨慎。想当年，她刚接管预测部门时，所做的第一件事就是重新查阅存档文件，想对现有可用的预测方法有个大致的概念。但看到的内容常常令她费解。上任约一周后，她拿到了一份为Cytoflux所做的市场份额预测图，这张图是市场营销团队在2010年时制作的，就在产品上市前夕。她拿出一张2011年产品上市后的真实表现图，覆盖在预测图上，对比的结果给了她许多启发（见展示图11）。尽管第一年后的份额预测接近真实水平，但实际过程却与之前预测的截然不同。显而易见，Cytoflux过去是很难预测的。后来，她发现了另一张Excel表，上面显示了2010年预测的患者人数。他们当时预测，到2013年患者人数都将稳定增长，而那些年的经过审核的数据表明，他们这个预测的确实现了。PharmaCo公司没有考虑到的是Cytoflux在2011年到2013年之间的销售涨幅（见展示图12）。产品定价并未改变，其他治疗胃食管反流病的药物在那段时间也没有下市。抛开记录差错不管，肯定有一些因素在导致了销售的增长。

她又从档案里拿出一份有关服用Cytoflux的患者人数的文档，但她还是没看明白（见展示图13）。这表明，从数据供应商那里获得的经过审核的患者人数，与从流行病学和市场研究预测得出的数字并不相符。当时她突然想到，这可能会出现两种计算患者份额的方法。这种令她困惑的例子不胜枚举，并不仅仅限于Cytoflux。

在担任预测部门主管的六个月里，莎伦已经能整理出很多这种差异，但她还是觉得自己是个新手。现在她坐在办公桌前，外面的天色逐渐泛红，阳光给办公室带来了暖意，令人昏昏欲睡。她摘掉眼镜，双肘撑在桌子上，按摩眼圈周围……

产品	适应证	上市日期	独占权过期日	用法用量
Steadertin	精神分裂症	2014.10	2027.10	每日一次片剂
Cytoflux	胃食管反流	2011.3	2021.7	每日一次胶囊
Focalitine	多动症	2001.1	2015.6	每日一次片剂
Focalitine QW	多动症	2015.3	2020.12	每周一次片剂
Listromycin	急性术后感染	2000.1	2010.11	每日两次片剂

展示图1 产品汇总

问题1：Cytoflux的销售需求量（菱形线）显示，它随着时间推移而稳定增长，而出厂量（三角形线）的特点是上下不定，并呈周期性变化。（销售需求量的计算方式是：用经过审核的Cytoflux零售和非零售包装量乘以出厂价。）有哪些可能的原因会产生这种情况呢？在分析中，莎伦能用哪些方法来纠正它？

问题2：这种周期性有多大程度是受PharmaCo公司控制的？公司又如何应对这些周期性的变化呢？

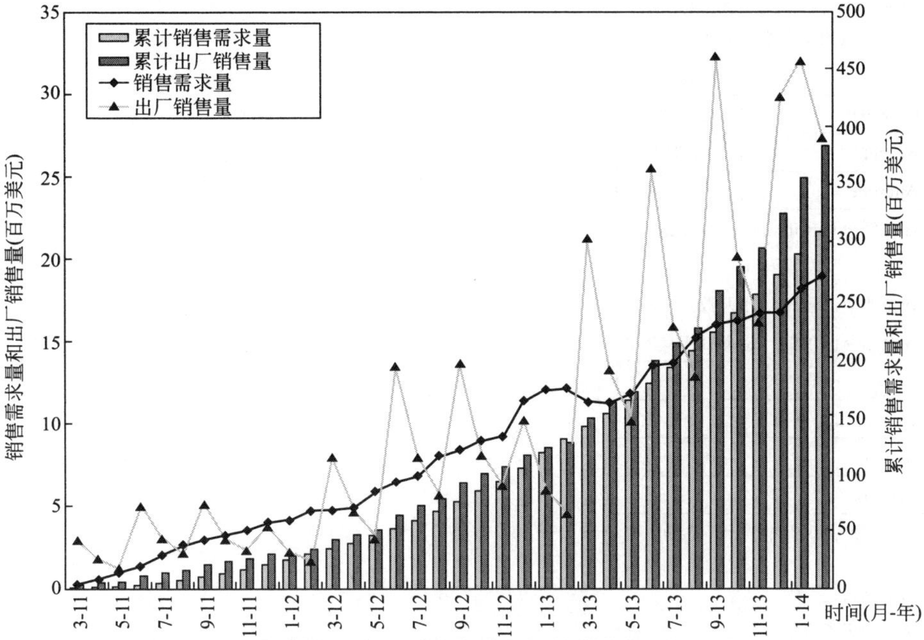

展示图2 出厂销售量与销售需求量

问题3：在预估Cytoflux2014年的销售额时，可以用好几个不同的历史时段来预测销售需求量，比如利用过去12个月、24个月、36个月的销售线性拟合对数据进行趋势分析。根据得出的R^2值，用哪种方法预测2014年的销售额最好？R^2值给了我们什么启示？（各种预测的R^2值分别是：数据为12个月时，R^2=0.969；数据为24个月时，R^2=0.977；数据为36个月时，R^2=0.983）。

问题4：展示图2展示的是通过使用线性拟合的36个月的历史数据预测出厂量和销售需求量数据，莎伦应该选择哪个数据来预测2014年的出厂量？

问题5：累计出厂销售量（右数据条）和累积销售需求量（左数据条）之间存在的差距似乎越来越大。可能会是什么原因造成的呢？这是莎伦应该关心的吗？

目前已上市产品的患者治疗天数
经过审核的患者治疗天数

	2013
Chizophrin	300000
Neoset	19914
Androne	77254

注：经过审核的治疗天数数据。

每位患者的理论治疗天数
完全依从医生的一位患者接受的治疗天数

	2013
Chizophrin	7
Neoset	4
Androne	2

注：从产品说明书得到的数据。

患者数据
预测的患者人数

	2013	2014	2015	2016	2017	2018
Steaderin		6000	29900	39200	43500	48000
Chizophrin	62702	73053	72890	72015	75185	80000
Neoset	6638	12757	29756	48537	58279	64000
Androne	40660	34190	27354	19448	16536	16000

注：从长期预测模型得到的数据。

展示图3 从患者向处方总量的转换

问题6：在基于患者的预测中，市场份额计算的结果就是使用每种产品的患者数量。请阐述我们为什么可能需要对计算治疗天数或处方总量感兴趣？

问题7：利用Chizophrin在2013年经过审核的后的治疗天数，计算下列几项：

（1）在2013年每名服用Chizophrin的患者的平均治疗天数。

（2）在2013年的总依从性。

（3）预测2014年至2018年之间服用Steaderin的治疗天数（假设每位患者的平均治疗天数和依从性保持不变）。

问题8：计算必须生产的最低数量，以满足问题7中2014年的计算数据得出的需求量。

问题9：在将患者转换为治疗天数时，莎伦是否有应该考虑的其他因素？

问题10： 问题8中的计算有些什么问题？你是否期望只基于流行病学的需求量计算就可以准确反映出厂需求量？为什么可以或为什么不可以？其次，除了基于患者的需求量外，还有什么因素会影响应生产量？

问题11： 尽管服用Focalitine的治疗患者的人数显著增加，市场处方总量（零售和非零售）却一直在下降。有哪些可能的原因可以解释这种现象？

	2008	2009	2010	2011	2012	2013
服用 Focalitine 的患者（百万）	10.0	12.4	19.9	22.5	24.8	30.1
Focalitine 总处方量（百万）	80.4	96.2	152.1	154.3	144.3	150.7
Focalitine 每个患者处方量	8.0	7.8	7.6	6.9	5.8	5.0

注：患者数据从长期预测得出，处方总量数据经过审核。

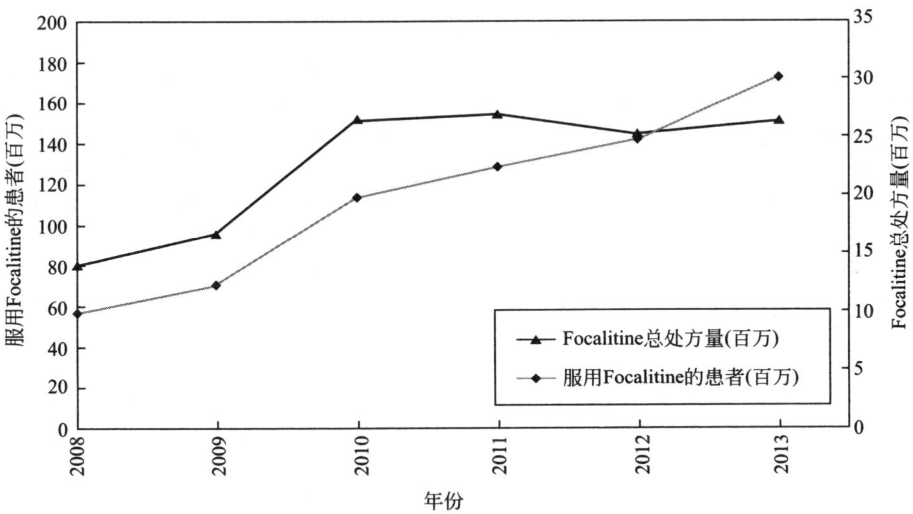

展示图4 患者人数和处方总量的发展趋势

问题12： 莎伦还应该收集哪些额外信息来解释这种现象？

问题13： 产品经理可以采取哪些措施，对患者数量的增长加以利用？

问题14：您如何解释处方总量和销售需求量之间的差异？这种差异是公司想要的吗？PharmaCo公司如何保持（或削弱）这个趋势？

问题15：莎伦还应该收集哪些额外信息来帮助自己解释这种现象？

	2011	2012	2013
Cytoflux 处方总量（百万）	0.18	0.84	2.77
Cytoflux 销售需求量（百万）	21.5	83.8	166.5
Cytoflux 每份处方的收入	120.0	100.0	60.0

注：经过审核的处方总量和销售需求数据。

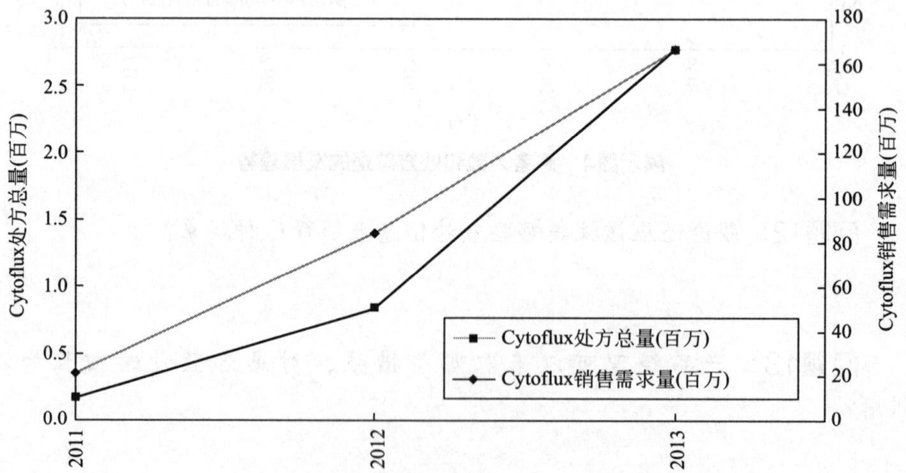

展示图5 销售需求量和处方总量的趋势

问题16： 在过去两年里，在治疗天数已经落后的前提下，市场处方总量以稳健的速度在增长。可能的原因是什么？

问题17： 莎伦还应该收集哪些额外信息来找出产生这种差异的原因？

	2008	2009	2010	2011	2012	2013
精神分裂症市场处方总量（千）	925	929	941	949	973	989
精神分裂症市场治疗天数（百万）	26.83	26.78	27.35	25.65	24.38	22.77
市场每份总处方的治疗天数	29.0	28.8	29.1	27.0	25.1	23.0

注释：经过审核的数据。

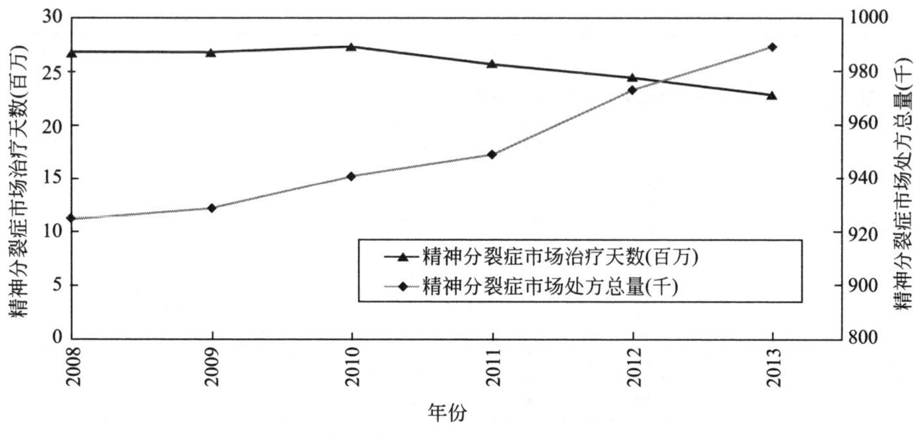

展示图6 市场中处方总量与治疗天数的变化趋势

问题18：请解释，当已上市产品推出新配方时，为什么自相蚕食会成为一个问题？能否解释它如何能成为一种有利条件？

问题19：为什么你会认为，Focalitine的新配方会容易和老配方的患者份额发生自相蚕食现象？请举出两个理由。

问题20：根据你在这些表中看到的内容，是否值得推出新配方？为什么值得或为什么不值得？

自相蚕食表

服用 Focalitine 并愿意转换服用 Focalitine QW 的患者比例

	2014	2015	2016	2017	2018	2019
换药比例	0	50%	65%	70%	80%	85%

采用药物治疗的患者

（百万）	2014	2015	2016	2017	2018	2019
Focalitine	30	35	10	4	2	1.5
Pastile	100	115	119	119.5	120	121
Proatten	105	110	95	75	43	22
Attren	85	86	84	87	88	86.5
总计	320	346	308	285.5	253	231

按产品统计的采用药物治疗的患者（同类延伸产品上市）

（百万）	2014	2015	2016	2017	2018	2019
Focalitine	30	17.5	3.5	1.2	0.4	0.2
Focalitine QW	0	17.5	6.5	2.8	1.6	1.3
Pastile	100	115	119	119.5	120	121
Proatten	105	110	95	75	43	22
Attren	85	86	84	87	88	86.5
总计	320	346	308	285.5	253	231

展示图7　自相蚕食

问题21：讨论仿制药的竞争和自相蚕食的相似之处。

问题22：应对仿制药竞争的工作为什么会产生预测自相蚕食的需求？

仿制药侵蚀表

Listromycin 的患者服药比例

	2008	2009	2010	2011	2012	2013
仿制药侵蚀率	0	0	10%	59%	68%	70%
原创药保留率	100%	100%	90%	41%	32%	30%

注：按照长期预测模型所做的假设。

采用药物治疗的患者

（百万）	2008	2009	2010	2011	2012	2013
Listromycin	15.0	17.5	16.4	14.0	14.0	12.0
Disinfex	50.0	57.5	59.5	59.8	60.0	60.5
Steromycin	52.5	55.0	47.5	37.5	21.5	11.0
Clensor	42.5	43.0	42.0	43.5	44.0	43.3
总计	160.0	173.0	165.4	154.8	139.5	126.3

采用药物治疗的患者（有仿制药上市）

（百万）	2008	2009	2010	2011	2012	2013
Listromycin	15.0	17.5	14.8	5.7	4.5	3.6
inhibitin	0.0	0.0	1.6	8.3	9.5	8.4
Disinfex	50.0	57.5	59.5	59.8	60.0	60.5
Steromycin	52.5	55.0	47.5	37.5	21.5	11.0
Clensor	42.5	43.0	42.0	43.5	44.0	43.3
总计	160.0	173.0	165.4	154.8	139.5	126.3

展示图8 来自仿制药的竞争

问题23：从图中可以看到药物治疗的患者总数在不断提高，但使用诊断率却在减少。什么原因导致了这种现象的产生？

问题24：评估一种新药商业机会的最佳方法是什么？患者或处方模型？对于每种方法，请列出3~4个优点。

问题25：如果你是莎伦，在玛姬和露丝之间，你会选择谁进入你的预测团队？请给出选择的理由。

	2008	2009	2010	2011	2012	2013
患病人数（千）	416	420	422	425	430	435
确诊人数（千）	145.6	121.8	118.2	114.8	107.5	95.7
确诊率	35%	29%	28%	27%	25%	22%

注：数据来源于流行病数据库。

	2008	2009	2010	2011	2012	2013
确诊人数（千）	145.6	121.8	118.2	114.8	107.5	95.7
药物治疗人数（千）	84.1	84.5	85.5	86.3	88.5	89.9
药物治疗率	58%	69%	72%	75%	82%	94%

注：确诊人数数据来源于流行病数据库；药物治疗人数根据经审核数据计算得出。

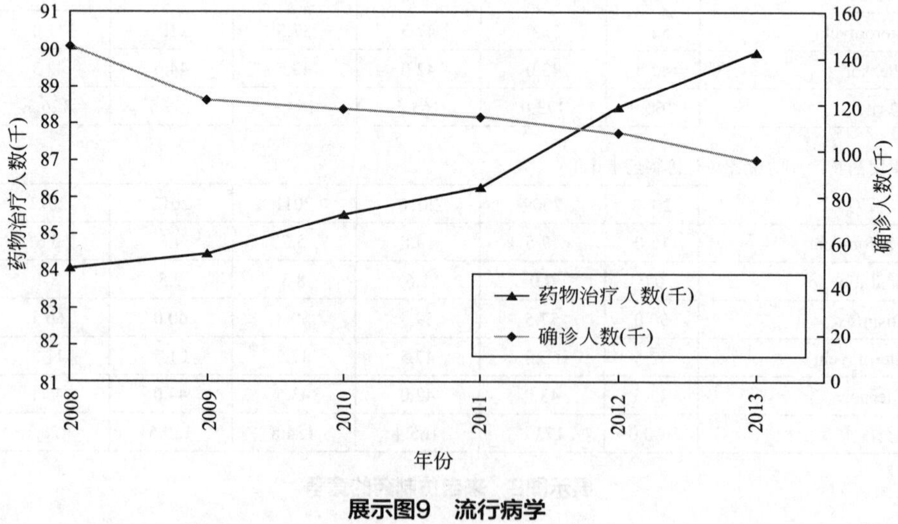

展示图9 流行病学

问题26：在属性评分法中，患者份额被假设为产品属性和这些属性对于市场价值的函数。集体讨论可用来给产品的一些属性评分。正如你列出的那样，把这些属性按照产品的临床特征或商业特征进行分类。

问题27：在试图预测未来市场份额时，为什么将产品视为其单个属性的集合很有用？

问题28：你觉得，是否可能用过多的属性来对一种产品进行评分？在什么时候，属性数量的增加会妨碍你对预测的观察？

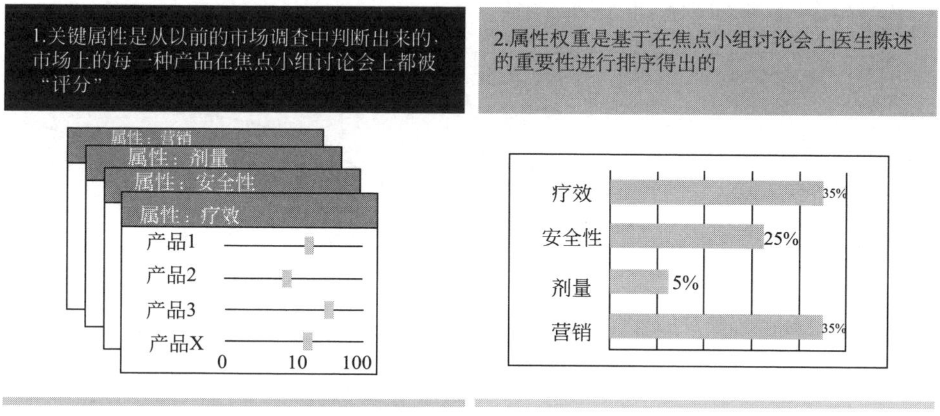

通过评分和权重计算市场份额的方法基于以下假设：市场份额是产品本身属性以及市场如何评估这些属性（它们的重要性）的函数

展示图10 市场份额预估

问题29：展示图11中的两条曲线形状迥异，能否想出几个原因来解释这种现象？

问题30：要想准确预测Steadertin，莎伦可能会尝试回答哪些问题？换句话说，在产品上市那一年，她可以用哪些信息源来判断Steadertin的市场份额可能会发生的变化？

（月份）	1	2	3	4	5	6	7	8	9	10	11	12
预测份额	0.0	1.0%	2.0%	3.0%	4.0%	5.0%	6.0%	7.0%	8.0%	9.0%	10.0%	11.0%
实际份额	0.0	0.5%	0.5%	0.5%	1.0%	1.5%	8.0%	10.0%	11.0%	11.5%	12.0%	12.3%

注释：数据来自长期预测和经过审核的处方总量。

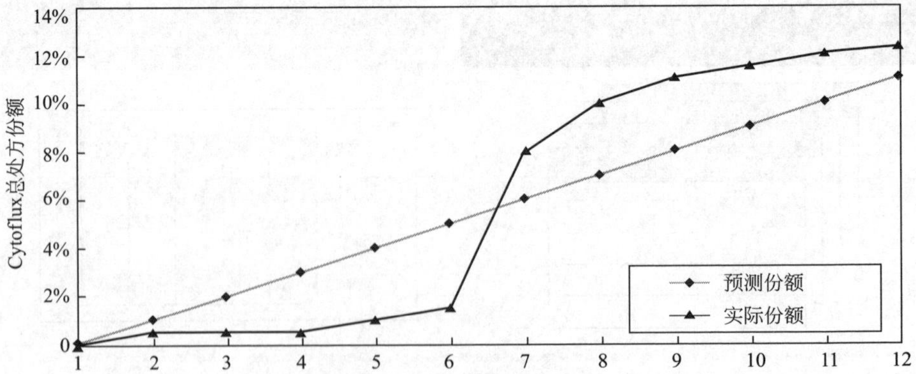

展示图11 市场份额预测趋势

问题31：Cytoflux的销售趋势与患者趋势不相符，可能会是什么原因？

问题32：仅依靠流行病学因素对销售预测进行建模，会产生什么样的危害？

	2011	2012	2013
Cytoflux 患者人数（千）	17.9	83.8	277.5
Cytoflux 出厂销售（百万）	30.6	85.4	207.9
每位患者的收益	1711.92	1019.41	749.47

注释：患者数据来自经过审核的零售数据；出厂销售数据来自财务部。

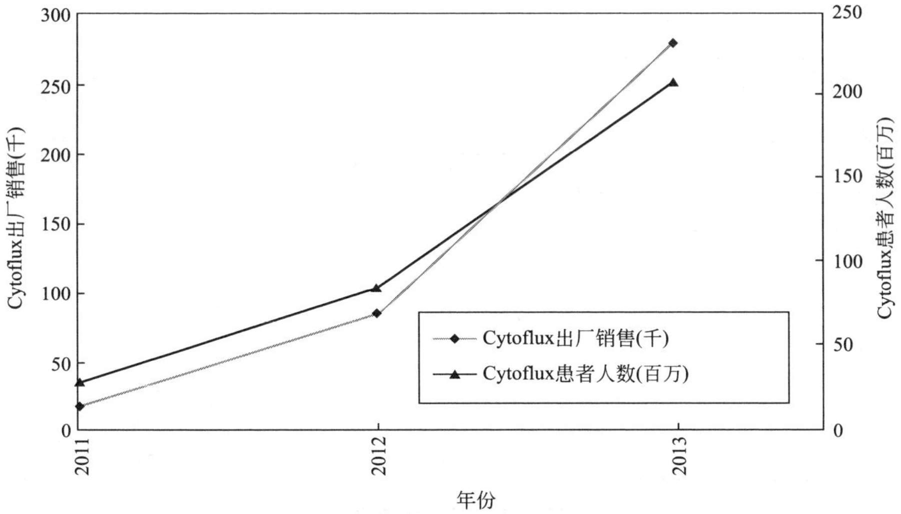

展示图12　销售趋势

问题33：流行病学和市场调研反映的患者总数和经过审核后的患者总数不同，莎伦如何来调整这种差异？可能有哪些原因可以解释这种差异？

问题34：她该如何计算和预测市场份额？

经过审核的患者数量（%）

	2013
Cytoflux	25
Nullacid	25
Gastrodine	50
总计	100

注：数据经过审核。

流行病学患者数量

	2013
治疗患者总数	75

注：数据来源于流行病学及市场调研研究。

	由患者数据得出的份额	由流行病学数据得出的份额
Cytoflux	25%	33%
Nullacid	25%	33%
Gastrodine	50%	67%
总计	100%	133%

展示图13 调整患者总数

附　录

附录A “电子表格解决实际问题”

要说过去十五年中最危险、最被严重的滥用、最泯灭思想的科技创新发明，非电子表格莫属。每天都有成千上万的管理者打开电脑上的电子表格软件，摆弄一些数字，然后起劲地以为自己在预测未来。

事实上，用电子表格捣鼓数字有点类似举重，你举起来一大堆数据，但这几乎对自己的反应和柔韧性没有丝毫作用，更多的是在做手指舒展的练习。对于管理者来说，他们却对这些成堆的数字很痴迷，那些数据里面应该有东西让他们很舒服。

“许多企业对于一些在形式上比较简单的量化方法越来越有好感，那是因为简单的量化方法可以使一些问题的复杂性不明显。”彼得·施瓦茨如此评述，他是一家位于加州埃默里维尔市的智库和咨询公司——全球商业网络公司的主席，“我故意用‘明显’这个词……因为大多数管理者相信如果他们使用了正确的表格、正确的公式以及正确的方法，问题的复杂性会消失。”

当然，这是不可能的。生意人可以否认这些复杂性的存在或者影响，但正如施瓦茨所言，“这种否认的态度其实在增加风险，让他们自己变成了赌徒而不是生意人，因为真正的生意人非常了解风险的重要性。”

你不可能依靠把风险塞进电子表格或者量化“潮流”或“热点”去了解风险，更不用说控制或降低风险了，你需要一些技术手段去创造性地探究并剖析风险。

最好的技术手段之一是创造情境，而不是摆弄数字和基础假设。如果流行文化对男性女性化接受度很高，会对化妆品行业产生什么影响？如果大众媒体传播形式变为付费点播，那么广告商应作何调整？如果移民限制大幅度放宽，会如何改变美国作为低成本制造地的形势？

换句话说，要通过创造一些故事来建立对风险的理解，而不是通过电子表格。从历史上看，创造情景的方式曾在军事计划上扮演过非常重要的角色，但是不同于等级制度森严的指挥控制组织结构，创造情境的方法是一项军事管理技术，但它没有激发起企业界的想象力，虽然在赫尔曼·卡恩1962关于核战争的著作《未雨绸缪》出版之后，曾有过一段热潮。

卡恩拥有非凡的魅力，他强力提倡使用情境作为一个媒介，让人们面对从未思考过的事情。有些人坚持认为卡恩启发了斯坦利·库布里克创造出奇爱博士这个人物。

全球商业网络的施瓦茨发现自己所处的境地与20世纪80年代在荷兰皇家壳牌石油公司时一样，当时，他和一个负责规划的小组曾使用情境方法使公司高层考虑到如果油价暴跌的后果，公司高层并没有认为这是个无聊的推测，而是积极地面对了这个问题。

结果呢？当油价真的崩溃了，壳牌公司比其他石油巨头应对的都要好，“油价崩溃之前，埃克森是世界第一”，施瓦茨在他的新书里面说到，“但是在油价崩溃之后，壳牌变成了世界第一，更重要的是，我们不必去抵押资产，反而可以做一些长期的投资”。

可能和你猜想到的情况差不多，情境规划在工商管理硕士（MBA）圈子里没有什么影响力，MBA的学生们都忙于分析一些案例，建立他们自己的情境。有趣的是，曾经有一批壳牌公司的顶级分析师在哈佛商学院授课，但是，引用其中一位分析师的学生的话，“对于哈佛的MBA课程来说，这个案例有点太抽象了。”

你可以去看看如今的商业计划，你根本不可能看到其中有一点点挑战前提假设（普遍认可的假设）的影子，这些商业计划书涵盖了从最小的风险资本支持的初创企业至美国最大型的企业，GE前CEO杰克·韦尔奇曾大量地使用情境规划，到如今，情境规划已经沦落到和吮手指差不多（浪费时间）的名声。在像通用汽车和IBM这样的商业巨头公司里，不同的独立部门会有一些令人兴奋的情境规划，但是他们并没有成为整个组织的价值观的一部分，人们谈论着市场份额数据及趋势线，却没有提及一些最基本的假设或他们的客户的世界观是怎么样的。

很少的一些公司如尼桑、南方贝尔公司、太平洋煤电公司及美国英兰德钢铁公司成功地实践了情景分析方法作为保持管理层警惕性的一个方式。“我从事分析行业20年了，”施瓦茨说，“但是我能数出来的在情景分析方面做得好的公司不超过6个。”

情境分析并不是在预测未来，而是在于用一个新的方式拥抱不确定性。当然了，如果你想要的是一个令人兴奋的情境，你可以去请一个科幻小说作家。毕竟，在推断技术的间歇性及其社会含义方面，有谁能比一个科幻小说的作家更合适呢？

实际上，雇佣一个科幻作家工作一个月也会比买IBM电脑电子表格一年的使用权能给多数美国企业带来更多的好处。未来不再是过去的简单外推，未来是待人去诉说的极其丰富的故事。情境分析是一种可以平衡电子表格“暴政”的方式，可能当情境分析软件如电子表格这样普及的时候，我们会更多地使用情境分析吧。

附录B 预测方法

判断工具

历史类推法

以过去事件中的一些要素为基础的预测，这些事件与当前的形势类似。

简单外推法

对未来结果应用一个简单假设，或是对当前事件结果应用简单的主观延伸。

德尔菲预测法

利用一系列简明扼要的问卷和对征得意见的有控制的反馈，从而取得一组专家的最可靠的统一意见。

利用匿名、迭代和控制反馈取得群体共识的预测。德尔菲预测法最合适使用的情形是，所考虑的问题非常复杂，并涉及一些非常模糊的关系，这种关系因为涉及过多的学科，仅凭一个人是不可能弄清楚的。最终得出的值很大程度上取决于参与者的卓越才能与协同合作。

情境

是对未来进行具有内在一致性、合理的描述。采取情境方法的目的不是想成为一个预测，相反，它提供一个框架，可对潜在的管理决策的有效性和后果进行评估。

专家讨论法

德尔菲预测法的一种形式，其中专家意见在一个互动的环境里得到探讨，并进行汇总。除了德尔菲法的统一意见外，专家间的互动也是预测的一部分。

交叉影响

评估未来事件发生的相互依存关系，其中一个事件的发生概率很大程度上取决于另一相关事件的发生概率。

计算工具

二手数据

已经收集的类似产品和市场的历史数据，用于估计产品购买意向。

一手市场调研

从有代表性的决策者那里收集的态度和购买意图的数据，然后外推这些数据，用以预测产品的前景。

联合分析

用于评估消费者心目中产品属性的重要性，并用来量化这些属性之间的权重。

时间序列工具

移动平均法

用一组最近的实际数据值来预测未来一期或几期内公司产品的需求量、公司产能等的一种常用方法。

指数平滑法

根据对前一个时间段的实际结果与预测结果的加权评分组合，对即将到来的时间段进行预测。与移动平均法不同，这一方法使用前面所有的观察，以确定某一特定时间段的平滑值，但给予近期资料更大的权重。“平滑系数”可以用来抑制最新数据点带来的变化。三次指数平滑法（有季节性）是制药行业中最常用的指数平滑模型。

自适应性滤波

指数平滑法的衍生，其中对模型进行系统性改变，以反映数据模式的变化。

分解

对趋势、季节、周期和随机成分的预期结果的预测，它们独立于数据序列预测。

趋势外推法

从一个以时间为自变量、与数据序列相匹配的数学函数衍生出来的一种预测未来的方法，也被称为自回归。

综合自回归移动平均模型

自回归的整合移动平均模型，其中最熟悉的是博克斯，詹金斯模型。这些复杂的、基于计算机的迭代过程产生基于自回归、平稳、移动平均数模型的时间序列预测模型。

因果工具

相关性

基于输入变量之间共变和依赖关系的历史模式来预测未来。相关性并不一定意味着因果关系。

回归分析

将一个或多个预测变量（自变量）的剩余方差最小化生成一个预测方程式，例如，如果预测公司的销售额，那么它们可能依赖于时间、经济、推销电话的数量、促销活动等。

先导指标

假定一种趋势可由另一种趋势衍生而来，常常通过简单的应用领先-落后关系来实现。例如，预测一个月的销售金额是基于上一个月的广告支出所做出的。

输入—产出

一种模型，用以表明一个地区的需求量变化如何直接和累积影响其他地区的需求量变化。

计量经济学

联立方程的整合系统可以预测未来值，该方程代表输入变量之间的关系。

向量自回归

基于计算机的最新、最复杂的预测模型之一，这是一种动态变化计量模型，其中许多方程式可以同步预测。

附录C 参考答案

以下是第七章案例研究中那些问题的参考答案。它们绝非唯一可能的答案，我们欢迎读者给出别的答案。

问题1：Cytoflux的销售需求量（菱形线）显示，它随着时间推移而稳定增长，而出厂量（三角形线）的特点是上下不定，并呈周期性变化。（销售需求量的计算方式是：用经过审核的Cytoflux零售和非零售包装量乘以出厂价。）有哪些可能的原因会产生这种情况呢？在分析中，莎伦能用哪些方法来纠正它？

- 分销渠道可能会发生变化，促使更多的产品流经未经过审核的渠道。如果是这样的话，出厂量包含了未经过审核的渠道的需求量，而经过审核的数据则不包括这些额外的未经过审核的销量。
- 变化的原因也可能是经销商购买模式的变化。要注意峰值的周期性，这可能是在预期价格的上涨。
- 另一种可能的解释是，企业内部把筹码压在PharmaCo公司经理身上，以求实现目标和/或管理预算。注意，这个周期是三个月，相当于一个季度。

- 如果市场上的这些动态关系能够通过下列手段调节一下的话，莎伦也许可以更好地进行评估：

a. 查阅未经过审核的渠道中的所有可用数据，以确定渠道问题能否解释（和增加）额外的需求量；

b. 检查经销商库存；

c. 把价格增长与上述数据比对，看看是否存在价格投机。

问题2：这种周期性有多大程度是受PharmaCo公司控制的？公司又如何应对这些周期性的变化呢？如果存在内部博弈，PharmaCo公司可以出台惩罚措施来阻止这种行为，或者利用激励机制，确保销售模式更顺畅。

- 如果这种模式由经销商的购买行为导致的话，PharmaCo公司的控制力会弱一些，但或许可以据此分析峰值和计划的时间。如上所述，预期价格上涨时，就会出现经销商投机购买的行为。与经销商的库存管理协议可能可以理顺出厂销售模式。

问题3：在预估Cytoflux2014年的销售额时，可以用好几个不同的历史时段来预测销售需求量，比如利用过去12个月、24个月、36个月的销售线性拟合对数据进行趋势分析。根据得出的R^2值，用哪种方法预测2014年的销售额最好？R^2值给了我们什么启示？（各种预测的R^2值分别是：数据为12个月时，R^2=0.969；数据为24个月时，R^2=0.977；数据为36个月时，R^2=0.983）。

- 回归模型的R^2值也被称为相关系数，用来测量数据中的变量，这种变量可以用趋势分析中的回归模式来解释。如果回归是强正相关拟合，那么R^2就接近1.0，但如果回归是强负相关拟合，那R^2就接近负1.0。如果R^2=0，那么数据和拟合线之间就没有必然的联系。
- 一般情况下，我们应该使用所有相关的数据，有更多的数据当然更好。在上面的例子中，使用更长的时间周期结果似乎可以对2014年的销售需求量进行更好的预测，因为采用36个月的数据时，R^2值的拟合度最高。然而，莎伦必须分析哪些数据与此相关。旧数据的相关性往往比新数据的弱，而我们必须要因为过去发生的重要事件做出调整。例如，如果Cytoflux在2012年获得新的适应证，那么2011年的历史数据将和2014年的销售额预测不相关。

问题4：展示图2展示的是通过使用线性拟合的36个月的历史数据预测出厂量和销售需求量数据，莎伦应该用什么办法选择哪个数据来预测2014年的出厂量？

- 使用代表最佳拟合的最高R^2值作为标准，莎伦能选出销售需求量趋势线。这些数据的方差比出厂量销售数据更小。需求量数据的预测为将来经审核的渠道需求量提供了一条参考基线。

- 但是，如果莎伦需要预测PharmaCo公司未来的出货量，那她需要修正这个预测，以解释销售需求量和出厂量之间的差异。如果这种历史趋势会继续，她可能会使用出厂量数据和预测值，以此作为未来出货量的测量手段（参见图）。如果她认为销售需求量和出厂量之间的差异在未来将缩小，那么她使用的预测值应该比预测的出厂量更低，但比预测的销售需求量更高，即处在两者之间的范围内。

问题5：累积出厂量（右数据条）和累积需求量（左数据条）之间存在的差距似乎越来越大。可能会是什么原因造成的呢？这是莎伦应该关心的吗？

- 差距越来越大的一个可能解释是，经销商在增加库存（这是可以评估和解释的）或者因为预期未来价格会上涨（比较难以测量），而将货物藏在仓库用于投机。只要经销商增加库存，就会给公司未来的销售量带来风险，因为当经销商释放库存时，公司的销售量就将下滑。这些存在“风险”的销售量的大小取决于累积需求量和累积出厂量之间的差异。莎伦绝对应该关心这个问题。
- 另一种可能性是数据之间存在差异。对数据的审核并非是完美的。它们不能获取所有渠道数据，也不能对分销渠道进行全面普查。这些数据需要进行综合研判，以解释这种情况。如果考虑不周，那结果将是审核结果和内部销售量之间的差距越来越大。

问题6：在基于患者的预测中，市场份额计算的结果就是使用每种产品的患者数量。请阐述我们为什么可能需要对计算治疗天数或处方总量感兴趣？

- 治疗天数和处方总量都是实测数据，因此利用经过审核的数据就更容易验证。过去年份的计算值（从预测模型得出）应接近历史值（从审计得出）。
- 决定生产需要量时，治疗天数和处方总量数据更加有用，因为它们更容易转化为包装量。
- 在大多数的治疗领域，无论是治疗天数还是处方总量数据，都比患者数量更容易转化为收入。

问题7：利用Chizophrin在2013年经过审核的后的治疗天数，计算下列几项：

（1）在2013年每名服用Chizophrin的患者的平均治疗天数。

300000÷62702=4.78

（2）在2013年的总依从性。

- 依从性等于治疗平均天数除以理论治疗天数，或者4.78÷7=68%
- 依从性也可以等于经过审核后的治疗天数除以理论治疗天数，其中理论治疗天数等于患者总数乘以每名患者的理论治疗天数。

  300000÷（62702×7）=68％

（3）预测2014年至2018年之间服用Steaderin的治疗天数（假设每位患者的平均治疗天数和依从性保持不变）。

- 治疗天数等于患者数乘以理论治疗天数再乘以依从性。

问题8：计算必须生产的最低数量，以满足问题7中2014年的计算数据得出的需求量。

- 假设2014年每日一次的剂量是：

a. 1天疗程=1片药

b. 1片药乘以28707天的治疗时间=28707片药（2014年的总数）

- 另一种方法是无论依从性如何，假设最低生产量必须满足处方总量。这就假设患者不保存未用的药物，并且每个疗程都接受7天的药方。在这种情况下，最小生产量将是：

  7天治疗时间×6000名患者=42000片药

问题9：在将患者转换为治疗天数时，莎伦是否有应该考虑其他的因素？

- 以上计算无法解释坚持度。
- 莎伦可能会考虑的其他可能的问题是剂量的拆分和滴定问题。

问题10：问题8中的计算存在什么问题？你是否期待用流行病学需求量计算结果就可以准确反映出厂需求量？为什么可以或为什么不可以？其次，除了基于患者的需求量外，还有什么因素会影响计划生产量？

- 问题8中的计算反映了可接受的最低量。
- 必须考虑的其他因素有：

a. 经销商的需求量，它不完全受流行病学需求量的支配。经销商包括批发商、医院、护理机构和药房。

b. 生产商需求量，如安全库存和PharmaCo公司库存。

问题11：尽管服用Focalitine的治疗患者的人数显著增加，市场处方总量（零售和非零售）却一直在下降。有哪些可能的原因可以解释这种现象？

- 这可能是由依从性或坚持度降低造成的，患者不愿意及时再去按处方配药。

- 比例可能会变化，原因是赠送的样品增加，其中潜在处方总量被赠送的样品所替代。
- 另一种解释是平均处方量的增加。如果更多处方总量都通过邮购这样平均处方更大的渠道配送，那就符合这种情况。

问题12：莎伦还应该收集哪些额外信息来解释这种现象？

- 有关依从性和坚持度趋势、样品赠送力度及平均处方总量大小的数据将在分析形势和预测未来变化时大有帮助。

问题13：产品经理可以采取哪些措施，对患者数量的增长加以利用？

- 患者教育（或许是直接面向消费者的营销行为）和面向医生的营销行为的增加拓展了更大的市场。换句话说，如果存在依从性或坚持度问题的话，就努力提高依从性和坚持度（因此也就提高了每位患者的购买量）。
- 如果赠送样品导致处方丢失，PharmaCo公司可以减少增送样品的数量。
- 如果处方总量时间长度发生变化是销售降低的原因，那么产品管理（假设处方价值随处方总量增大而升高）就没必要采取行动。

问题14：您如何解释处方总量和销售需求量之间不断扩大的差异？这种差异令人满意是公司想要的吗？PharmaCo公司如何保持（或削弱）这个趋势？

- 总的来说，对于Cytoflux而言这是不是一个理想的趋势，因为处方总量带来的收入每年都在减少。
- 现金销售额和处方总量之间的差异变小可能是由于以下一种（或更多）原因造成的：① 更短的处方时间长度；② Cytoflux每日滴定剂量减少，导致产品消费量减少。

问题15：莎伦还应该收集哪些额外信息来解释这种现象？

- 莎伦应该分析每日平均剂量和处方时间长度。

问题16：在过去两年里，在治疗天数已经落后的前提下，市场处方总量以稳健的速度在增长。可能的原因是什么？

- 治疗天数的减少可能是由于新加入了药效更长的药物，例如，每周一次的剂量代替了每日一次的剂量。这可能意味着治疗相同或更多数量的患者，其处方量减少了。

问题17：莎伦还应该收集哪些额外信息来找出产生这种差异的原因？

- 产品层面的数据将有助于确定这一点。特别是，最近是否有新产品上市？这种新产品的药效明显大于已上市产品。处方模式是什么样子的？处方时间长度在发生变化吗？

问题18：请解释，当已上市产品推出新配方时，为什么自相蚕食会成为一个问题？能否解释它如何能成为一种有利条件？

- 现有配方与新配方之间的自相蚕食可能会影响已上市产品的市场份额。新配方一般会从旧配方那里抢走份额，如果新配方没有经济上的优势，那这可能不会增加公司的整体收入。
- 如果目的是把患者从专利将到期的产品转移到一个专利保护期更长的新产品或配方上，那么自相蚕食是有益的。当一种产品失去营销独占权和仿制药进入市场时，价格就可能会受到负面影响，在这种情况下的自相蚕食，使公司避免了价格战，获取了经济利益。
- 自相蚕食也会对患者和企业声誉有利，因为新剂型给患者带来了利益，如增强了疗效、耐受性和依从性。

问题19：为什么你会认为，Focalitine的新配方会容易和老配方的患者份额发生自相蚕食现象？请举出两个理由。

- 因为Focalitine的专利即将到期，而公司可能已经放弃了现有配方的营销工作。
- 另一种可能性是，如果Focalitine的新配方在服用剂量和方便性上有所提升，它更可能从处于劣势的旧产品那里窃取份额。

问题20：根据你在这些表中看到的内容，是否值得推出新配方？为什么值得或为什么不值得？

- 在第三张表中的数字并未显示如果PharmaCo公司只保留老配方的情况下可能实现销量的增长情况，也没有显示从市场上其他竞争对手那里抢夺了多少份额。由于推出新产品比维持已上市产品的成本更高，这些数字表明，除非它代表了专利延伸策略、显著的经济优势或给患者带来益处，否则放弃Verdantin QW新配方的上市将是明智的选择。

问题21：讨论仿制药的竞争和自相蚕食的相似之处。

- 当一种品牌产品的仿制药进入市场，并从该产品那里窃取市场份额，这时就出现了仿制药窃取现象。当新产品由于市场相似性，从已上市产品那里窃取市场份额时，便出现了自相蚕食现象。由于在每种情况下，被窃取的市场份额和产品的数量都会在以下相似的趋势间转移，因此两者的模型构建也是相似的。

问题22：如何减少仿制药竞争对自相蚕食的预测影响？

- 大多数产品生命周期管理策略都包括能延长专利保护期的新配方或

剂量。比如，如展示图8所示，剂量就从每日服用一次变成了每周服用一次。

问题23：从展示图9中可以看到诊断率在不断提高，但使用药物治疗的患者总数却在减少。什么原因导致了这种现象的产生？

- 诊断标准更加严格导致确诊患者范围缩小。
- 对确诊患者接受药物治疗的要求更加严格导致药物治疗比例升高。

问题24：评估一种新药商业机会的最佳方法是什么，患者或处方模型？对于每种方法，请列出3~4个优点。

- 患者模型：

a. 可以对一种疾病的整个市场进行建模。
b. 通过增加诊断或药物治疗率对增长率进行建模。
c. 允许空白区域或未开发的疾病领域的存在（如新疗法）。
d. 对所有变量进行机会分析（如坚持度）。
e. 分别模拟所有适应证，评估它们的潜力。

- 在另一方面，处方模型：

a. 代表经过审核后的数据，因此更易于校准。
b. 用最易评估的信息来评估当前治疗的市场。
c. 数据内含依从性和坚持度。
d. 需要较少的假设。
e. 如果模型针对特定适应证，那么往往需要处方数据。

问题25：如果你是莎伦，在玛姬和露丝之间，你会选择谁进入你的预测团队？请给出选择的理由。

- 这个问题没有绝对正确的答案，虽然基于患者的模型可以说更适合于研发产品，因为它们能与流行病学数据源关联。在一般情况下，通过确认竞争产品和适应证，基于患者的预测模型能更准确地反映市场动态关系。在另一方面，它们需要更多的时间和资源，需要更多的判断假设。任何基于患者的模型都有处方部分，其中处方可转换为患者，并参照历史数据来校准市场份额。
- 基于处方的模型以经过审核后的数据为开端，因此更容易在市场上进行校准。当一种产品被用于多种适应证，而且预测者并不关心针对何种适应证来使用，那么处方模型的构建就更加简单。此外，我们没有必要假设依从性和坚持度，因为它们都是实际数据内含的。
- 如果可能的话，莎伦应该把两个人都招入预测团队。

问题26：在属性评分法中，患者份额被假设为产品属性和这些属性对于市场价值的函数。集体讨论可用来给产品的一些属性评分。正如你列出的那样，把这些属性按照产品的临床特征或商业特征进行分类。

- 临床属性范例：

a. 药效

b. 安全性

c. 耐受性

d. 副作用

e. 症状缓解

f. 起效时间

g. 剂量和便利性

- 商业属性范例：

a. 价格

b. 市场推广力度

c. 治疗领域的专营权

d. 销售队伍的工作

e. 产品定位的宽度

f. 剂量和便利性

问题27：你在试图预测未来市场份额时，为什么将产品视为其单个属性的集合很有用？

- 把产品分解成不同属性后，我们就可以更容易地依据可测参数对市场上的产品进行比较。它也可以让你明白，为什么一种产品比另一种产品销售得更多，这反过来又可以让你做出更明智的营销决策。这种方法取决于一个概念，即该产品是其属性总和，而且该产品的认知是其属性认知的总和。这种方法也可以最好地利用市场调查研究的结果，如离散选择模型或联合分析模型。

问题28：你觉得，是否可能用过多的属性来对一种产品进行评分？在什么时候，属性数量的增加会削弱预测的洞察力？

- 如果把一个产品属性分解太多，那么任何一种属性的评分的改变对整体影响很小。临床专家在评分阶段就需要为更多的属性进行评分，数据采集也将变得更加困难。好的经验是把属性数量限制在6~7个。医生在做出处方决定时，不太可能考虑比这更多的属性了。

问题29：展示图11中的两条曲线形状迥异，能否想出几个原因来解释这种现象？

- 预测的份额是线性的，这也是看待预测最简单的方法。真实数据表明，最初渗透速度慢，然后再加快，最后趋于稳定。

- 许多产品都需要几个月或几年时间来建立市场认知，导致上市后最初几个月的渗透较慢。促销力度、细分和定位，都可以加速渗透模式。
- 较慢的渗透模式出现的原因也可能是最初市场推广力度不足，然后在6月份大幅增加。
- 预测曲线可能使用了错误的参照物来构建，不同的市场环境会产生不同的渗透情况。
- 关键的四期临床研究也许在5月份或6月份发布研究成果，然后销量就会加速上升。

问题30：要想准确预测Steadertin，莎伦可能会尝试回答哪些问题？换句话说，在产品上市那一年，她可以用哪些信息源来判断Steadertin的市场份额可能会发生的变化？

- 2015年的市场总份额预计是多少？
- 在12个月、24个月和36个月后，市场总份额预计是多少？
- 什么是竞争性的市场份额，有什么好的参照物可以用来构建份额模型？
- PharmaCo公司在推广时，将投入什么样的资源？
- 竞争对手的资源和上市前提条件是什么？

问题31：Cytoflux的销售趋势与患者趋势不相符，可能会是什么原因？

- 一种可能性是，销售比例正在发生变化，从慢性适应证转向急性适应证，导致单位患者带来的收入变得更低。
- 另一种可能性是依从性和坚持度减弱了。
- 价格下跌或平均剂量的减少都可以解释这种类型的趋势。

问题32：仅依靠流行病学因素对销售进行建模，会产生什么样的危害？

- 我们总是可能会忽略那些独立于流行病学因素的重要市场和经济因素，比如产品背后的推销行为。
- 流行病学数据必须对照历史处方和/或经过审核的包装量数据进行校准，以验证构建的模型。

问题33：流行病学和市场调研反映的患者总数和经过审核后的患者总数不同，莎伦如何来调整这种差异？可能有哪些原因可以解释这种差异？

- 部分差异可能是由不同数据源的不确定性造成的。
- 另一种很大的可能性是（假设差异很明显），多重用药或伴随治疗。

在胃食管反流病的药物市场，患者通常服用多种药物来治疗一种疾病。结合经过审核后的数据，会导致同一位患者被多次计算，因此由经过审核后的总数得出的患者数比从流行病学数据得出的人数更大。

问题34：她该如何计算和预测市场份额？

- 份额计算的分子应该永远是服用每种产品的患者数量。对于分母，它既可以使用经过审核后的患者总数，也可以使用药物治疗的存量患者。在第一种情况下，计算结果是患者份额的对应值或服用产品的患者。在第二种情况下，患者被重复计算，其结果是接受治疗的患者份额。因此，展示图13中的两种计算方法都有效，只是用来评估不同的份额价值。

参考文献和进一步阅读材料

Abt, R., Borja, M., Menke, M.M., and Pezier, J.P. (1979), The dangerous quest for certainty in market forecasting, *Long Range Planning*, 12, pp. 287–96.

Amara, R. (1989), A note on what we have learned about the methods of futures planning, *Technological Forecasting and Social Change*, 36, pp. 43–7.

Armstrong, J.S. (1985), *Long-range Forecasting from Crystal Ball to Computer*, 2nd Edition, New York: John Wiley & Sons.

Armstrong, J.S. (ed.) (2001), *Principles of Forecasting: A Handbook for Researchers and Practitioners*, Norwell: Kluwer Academic Publishers.

Calo-Fernández, B. and Martínez-Hurtado, J.L. (2012), Biosimilars: Company strategies to capture value from the biologics market, *Pharmaceuticals*, 5(12), pp. 1393–408.

Cha, M., Rifai, B., and Sarraf, P. (2013), Pharmaceutical forecasting: Throwing darts?, *Nature Reviews: Drug Discovery*, 12(10), pp. 737–8. Available at: www.nature.com/reviews/drugdisc [accessed 15 December 2014].

Chambers, J.C., Mullick, S.K., and Smith, D.D. (1971), How to choose the right forecasting technique, *Harvard Business Review*, July–August 1971, pp. 45–74.

Chase, C.W. (1992), The effects of corporate politics on business forecasting, *The Journal of Business Forecasting*, Winter 1991–1992, pp. 6–8.

Chauhan, D., Towse, A., and Mestre-Ferrandiz, J. (2008), *The Market for Biosimilars: Evolution and Policy Options*, Briefing (45), Office of Health Economics.

Coates, J.F. (1989), Forecasting and planning today plus or minus twenty years, *Technological Forecasting and Social Change*, 36, pp. 15–20.

Coates, J.F. and Jarratt, J. (1989), *What Futurists Believe*, Mt. Airy: Lomond Publications, Inc.

Cook, A.G. (1990), Taking the fuzzy out of forecasting as a strategic tool, *Pharmaceutical Executive*, December 1990, pp. 50–56.

Cook, A.G. (1991), Building the future with the forecaster's toolbox, *Pharmaceutical Executive*, July 1991, pp. 48–54.

Cook, A.G. (1995), Navigating the intersection of forecasting, market research and pricing, *Pharmaceutical Executive*, August 1995, pp. 54–8.

Ellis, D. and Nathan, J. (1990), *A Managerial Guide to Business Forecasting*, New York: Graceway Publishing Company, Inc.

EvaluatePharma (2013), *Orphan Drug Report 2013.*

EvaluatePharma (2014), *World Preview 2014, Outlook to 2020.*

Evans, M.K. (2003), *Practical Business Forecasting*, Oxford: Blackwell Publishers Ltd.

Georgoff, D.M. and Murdick, R.G. (1986), Manager's guide to forecasting, *Harvard Business Review*, January–February 1986, pp. 110–20.

Goodrich, R.L. (1989), *Applied Statistical Forecasting*, Belmont: Business Forecast Systems, Inc.

Gordon, T.J. (1989), Futures research: Did it meet its promise? Can it meet its promise?, *Technological Forecasting and Social Change*, 36, pp. 21–6.

Gottlieb, J. (2011), *Orphan Drugs: Future Viability of Current Forecasting Models, in Light of Impending Changes to Influential Market Factors*, Cambridge: Massachusetts Institute of Technology.

Grabowski, H.G., Ridley, D.B., and Schulman, K.A. (2007), Entry and competition in generic biologics, *Managerial and Decision Economics*, 28, pp. 439–51.

Humphreys, A. (2004), Future blockbusters, *MedAdNews*, January 2004, pp. 1–12.

Hyde, R. and Dobrovolny, D. (2010), Orphan drug pricing and payer management in the United States: Are we approaching the tipping point?, *American Health and Drug Benefits*, 3, pp. 15–21.

Jain, C.L. (ed.) (1987), *A Managerial Guide to Judgmental Forecasting*, New York: Graceway Publishing Company, Inc.

Jain, C.L. (ed.) (1988), *Understanding Business Forecasting: 2nd Edition*, New York: Graceway Publishing Company, Inc.

Lapide, L. (2002), Where should the forecasting function reside?, *The Journal of Business Forecasting Methods & Systems*, Winter 2002–03, pp. 15–18.

Lepage-Nefkens, I., Gerkens, S., Vinck, I., Piérart, J., Hulstaert, F., and Farfan-Portet, M. (2013), *Barriers and Opportunities for the Uptake of Biosimilar Medicines in Belgium*, Belgian Health Care Knowledge Centre Report, 199.

Lidstone, J. and MacLennan, J. (1999), *Marketing Planning for the Pharmaceutical Industry*, 2nd Edition, Aldershot: Gower Publishing Ltd.

MacLennan, J. (2004), *Brand Planning for the Pharmaceutical Industry*, Aldershot: Gower Publishing Ltd.

Mahaffie, J.B. (1995), Why forecasts fail, *American Demographics*, March 1995, pp. 34–40.

Makridakis, S., Wheelwright, S.C., and Hyndman, R.J. (1998), *Forecasting Methods and Applications*, 3rd Edition, New York: John Wiley & Sons, Inc.

Maskus, K.E. (2001), *Parallel Imports in Pharmaceuticals: Implications for Competition and Prices in Developing Countries*, World Intellectual Property Organisation.

Matthews, J.T. and Glass, L. (2013), The effect of market-based economic factors on the adoption of orphan drugs across multiple countries, *Therapeutic Innovation & Regulatory Science*, 47, pp. 226–34.

Meekings, K.N., Williams, C.S.M., and Arrowsmith, J.E. (2012), Orphan drug development: An economically viable strategy for biopharma R&D, *Drug Discovery Today*, 17, pp. 660–64.

Migliaro, A. and Jain, C.L. (eds) (1987), *An Executive's Guide to Econometric Forecasting*, New York: Graceway Publishing Company, Inc.

Newbold, P. and Bos, T. (1990), *Introductory Business Forecasting*, Cincinnati: South-Western Publishing Company.

O'Boyle, J. (1999), *Wrong!: The Biggest Mistakes and Miscalculations Ever Made by People Who Should Have Known Better*, New York: Penguin Putnam, Inc.

Orofino, J., Soto, J., Casado, M., and Oyagüez, I. (2007), Global spending on orphan drugs in France, Germany, the UK, Italy and Spain during 2007, *Applied Health Economics and Health Policy*, 8, pp. 301–15.

Paich, M., Peck, C., and Valant, J. (2005), *Pharmaceutical Product Strategy: Using Dynamic Modeling for Effective Brand Planning*, Boca Raton: CRC Press.

Riccardo, J.P. and Ryan, B. (1985), Minimizing the risks, *Pharmaceutical Executive*, November 1985, pp. 74–6.

Rogers, E.M. (1962), *Diffusion of Innovations*, New York: The Free Press.

Rogers, M.J., Gupta, A., and Maranas, C.D. (2002), Real options based analysis of optimal pharmaceutical research and development portfolios, *Industrial Engineering and Chemical Research*, 41, pp. 6607–20.

Shanklin, W.L. (1987), Six timeless marketing blunders, *The Journal of Business and Industrial Marketing*, 2, pp. 17–25.

Schnaars, S.P. (1989), *Megamistakes: Forecasting and the Myth of Rapid Technological Change*, New York: Macmillan, Inc.

Schoonveld, E. (2014), *The Price of Global Health*, Farnham: Gower Publishing Ltd.

Schrage, M. (1991), Spreadsheets paper over real problems, *Los Angeles Times*, 11 April 1991, part D, p. 1.

The Health Strategies Consultancy LLC (2005), *Follow the Pill: Understanding the U.S. Pharmaceutical Supply Chain*, Menlo Park: The Kaiser Family Foundation.

Tversky, A. and Kahneman, D. (1974), Judgment under uncertainty: Heuristics and biases, *Science*, 185, pp. 1124–31.

Tversky, A. and Kahneman, D. (1981), The framing of decisions and the psychology of choice, *Science*, 211, pp. 453–8.

Wack, P. (1985), Scenarios: Unchartered waters ahead, *Harvard Business Review*, September–October 1985, pp. 73–89.

Wack, P. (1985), Scenarios: Shooting the rapids, *Harvard Business Review*, November–December 1985, pp. 139–50.

Wallace, T.F. and Stahl, R.A. (2002), *Sales Forecasting: A New Approach*, Cincinnati: T.F. Wallace & Company.

Zoltners, A.A., Sinha, P., and Lorimer, S.E. (2004), *Sales Force Design for Strategic Advantage*, Houndmills: Palgrave Macmillan.

Zoltners, A.A., Sinha, P., and Zoltners, G.A. (2001), *The Complete Guide to Accelerating Sales Force Performance*, New York: American Management Association.